JN216403

企業法務
入門テキスト
ありのままの法務

経営法友会
企業法務入門テキスト
編集委員会　　編著

商事法務

は じ め に

　はじめて現場に配属された法務担当者が、実際に担当する仕事のイメージをつかむことができるような書籍があったら、どんなに助かることでしょう。法務担当者は企業法務の内容に精通している必要があるのと同時に、組織人として活動しています。法務部門の内部では互いに情報交換・切磋琢磨の毎日ですが、他部門の人達とも交わり、一緒になって問題解決にあたります。

　企業法務担当者が集う経営法友会は、セミナーや研究会、懇談会などを通じて学び、交流する機会が設けられており、現在約1,150社が加盟する団体として活動しています。その経営法友会において、企業法務の担当者がリアルに感じることのできる実務書を刊行しようとの企画が立ち上がったのが2015年春。「ありのままの法務を伝えたい」との思いに駆られた有志九名が執筆者として編集委員会をつくり、本書刊行のプロジェクトが遂行されることになりました。

　企業内に法務組織が組成されるようになって、すでに半世紀以上が経過したでしょうか。この間、多くの日本企業はグローバル化の道を歩み、ビジネスモデルも多様化しました。各社の事業展開を支える法務部門も、今やすっかり組織の一部として根付いた感があります。

　本書では、法友電気という架空のメーカーに在籍する三人の主要登場人物が、法的な実務課題に直面し、奮闘しています。ストーリーの間に挟まれた解説やコラムと合わせて読んで頂くと、理解がより深まるでしょう。本書は企業法務の初心者に向けて書かれてはいますが、一定の経験を経た法務担当者にとっても、企業法務を俯瞰できるという意味で有益なものとなったと思います。また、ロースクール生や法学部生をはじめとする将来の企業法務の担い手にとっても、企業活動のダイナミクスや企業法務の実際の姿に対する豊かなイメージを持って頂けるのではないかと思います。

　我々編集委員が本書執筆において気付いたのは、現在当たり前のように利用している企業法務の知識・ノウハウは、実は法務の先人が長い年月をかけて編み出してきたものであるということでした。我々が現在抱える

問題も、先人も悩み、取り組んできたものにほかならず、本書の執筆とは、いわばそのごく一部をスナップショット的に切り取る作業であるということを痛感しました。いささか心許ない点が残りますが、読者の皆様からの忌憚ないご批判、ご批評を是非お願いしたいと思っています。

　コンプライアンス重視の企業経営が叫ばれて久しく、ガバナンスにおいて法務が期待される場面は日ごとに増えています。法務部門には有資格者が増えてきていますし、グローバル化のスピードも衰えるところを知りません。このように企業法務の世界には現在も、大きな変革の波が押し寄せていますから、近い将来には、本書の内容について設定やテーマを含めた大きな変更が必要となるでしょう。その編集作業はおそらく次世代の編集委員に譲ることになると思われますが、その際には、佐々木課長、仲真主任、濱田部員といった本書の主要な登場人物がそのころどんな姿に成長し、どんな業務に従事しているかを描いてくれたらありがたいと思います。

　最後になりますが、全編を通じて貴重な示唆を頂いた慶應義塾大学法科大学院の奥邨弘司教授に感謝します。奥邨教授は、本書原稿を教材として法科大学院の授業に出講するという機会を我々に与えて下さいました。また、各講相互間の整合性からストーリーの温度感に至るまで丹念にアドバイスを頂いた企業法務の先輩方、そして本書刊行を力強くバックアップしてくれた経営法友会事務局の浅沼亨さん、西巻絢子さんと商事法務書籍出版部の皆さんに、心から感謝申し上げます。

2016年3月吉日
経営法友会　企業法務入門テキスト編集委員会

本書の読み方

1　本書の舞台

　本書は、「法友電気（ほうゆうでんき）株式会社（以下「法友電気」といいます）」という架空のメーカーの法務部を舞台としています。

　主要な登場人物は三名。主役は、法務部の「佐々木課長」、「仲真主任」、「濱田部員」です。

　佐々木は新卒で法友電気に入社後、法務部一筋で企業法務に精通しており、上司や部下からの信頼も厚く、仲真や濱田を強力にリードし、同時にサポートしていきます（42歳）。

　仲真はいわゆる「インハウス弁護士」で、ロースクールを修了後、事務所勤務を経て法友電気にキャリア採用で入社した才媛です（34歳）。一見楚々としていますが、実は芯は強く勇気があり、本書では濱田の良きメンターとなっています。

　そして、いよいよ「台風の目」の濱田です。濱田は新卒で法友電気に入社した後、1年間の研修（工場実習）を経て、この4月に法務部に配属されました（24歳）。まだ頼りなさが残る彼、実は法学部卒なのですが、入社後法律の勉強はあまりしていない様子です。この濱田が悩み成長する姿も、本書のストーリーで確認して頂きたいと思います。

　その他、さまざまな脇役も続々登場してまいります。

法友電気法務部座席表

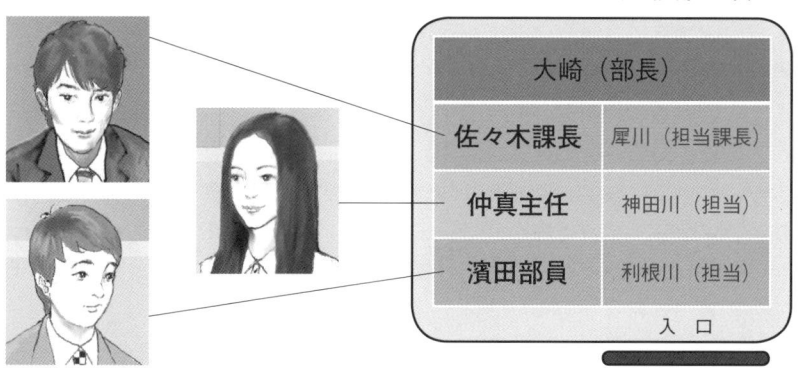

大崎（部長）	
佐々木課長	犀川（担当課長）
仲真主任	神田川（担当）
濱田部員	利根川（担当）
	入　口

2　本書の構成

本書の各講は、それぞれ前半の「ストーリー」部分と、後半の「NOTE」「POINT」から成る解説部分の2つに分かれています。

前半の「ストーリー」部分では、テーマごとに、法友電気の法務部メンバーが直面する出来事を文字どおり「物語形式」で描いています。そこには、法務部署が現実に直面するリアルな姿が法友電気に舞台を借りて描かれており、ストーリーを読んで楽しんで頂くだけでも、これから実務経験を積んでいく皆さんにとっては参考になると思われます。

各講後半の「NOTE」、「POINT」の部分は、前半の「ストーリー」の内容について、「実務的には何が重要か」を各講の執筆者がそれぞれの実務経験を踏まえてそのポイントをまとめています。法律知識中心の解説というよりはむしろ、実務の視点から実務家が整理・記述している本書のエッセンスといえる部分です。そのほか、法務担当者が知っておくとよい内容については「**法務の現場から**」というコラムも設けて補足的に解説を施しています。

3　対象者別活用法

本書は、「法務部配属後1～2年目の方」を主な読者として想定しています。これまでの法律知識中心の解説書ではなかなか描かれなかった「実務のエッセンス」を、各社におけるOJTと併せて少しでも早期に理解してもらい、読者が自律的に動ける法務部員になって頂きたいとするのが、本書のねらいの一つです。

また、本書は同時に、ロースクール生や法学部生が、「ありのままの法務」の姿・企業の現場を思い描き、学習の助けとして活用して頂くことも念頭においています。企業を外部から支援する法律事務所にとっても、相談者の事情がリアルに描かれていますので、初動のアドバイスやコミュニケーションの改善ポイントを探る貴重な資料になるのではと考えています。

法友電気とは

　法友電気は1915年11月の創立。約100年の歴史を誇る優良メーカーで、東証一部に上場し、海外にも拠点を展開しています。主力製品は業務用エアコンや加湿器などの家電製品ですが、同時に各種の電子部品も製造販売しています。

法友電気の企業情報

商　　号	法友電気株式会社 （ほうゆうでんき　かぶしきがいしゃ）
所在地	東京都中央区茅場町2020－1
代表者	代表取締役社長　秋葉原　敏夫（あきはばら　としお）
創　　立	1915年11月11日
事業内容	電子・電気機械器具の製造販売 （業務用エアコン、加湿器その他の一般家電、各種電子部品の製造販売）
資本金	200億円（2016年3月現在）
売上高	2015年度実績　連結2,500億円（うち国内1,500億円）
上場証券取引所	東証第一部
従業員数	グローバル：5,000人（うち国内3,000人）

法友電気の組織図は次の通りです。

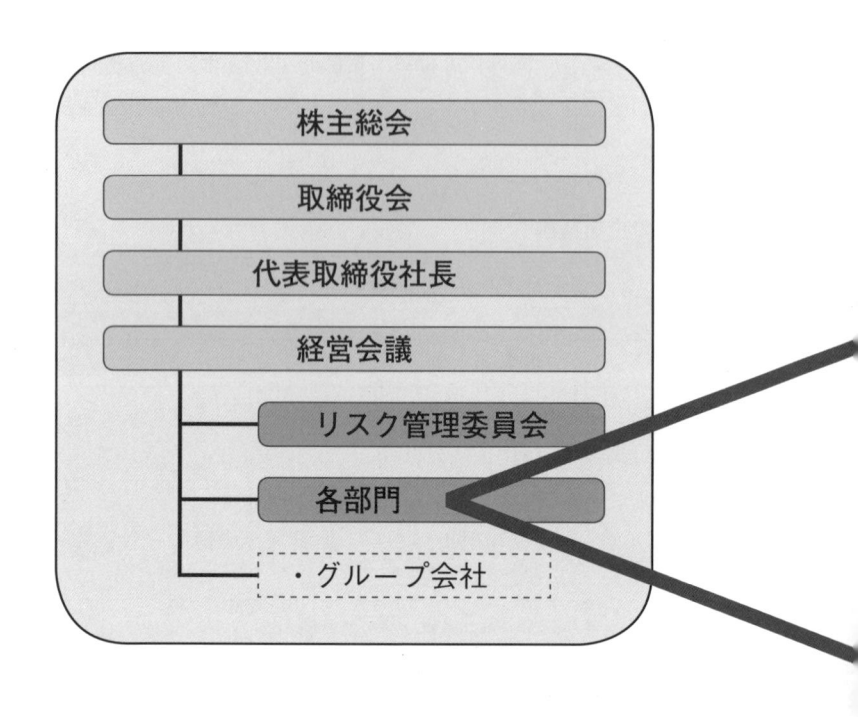

①管理部門

部門名	主な所管業務	責任者
総務部	庶務、施設管理、社内行事、秘書、危機管理	神田部長
人事部	労務管理、給与、採用、人事異動、教育	恵比寿部長
法務部	法務、コンプライアンス、内部通報	大崎部長
経営企画部	経営会議事務局、経営戦略策定、M&A	上野部長
財務経理部	財務、経理、予算管理	渋谷部長
購買部	調達、サプライヤー管理	五反田部長
広報部	広報、IR	目黒部長
監査部	内部監査	日暮里部長
知的財産部	知的財産権管理	大塚部長
品質管理部	製品の品質管理	代々木部長

②事業部門

部門名	主な所管業務	責任者
営業管理本部	顧客管理	・営業第1部　…………
		・営業第2部　…………
		・営業第3部　新橋部長
		・お客様相談室　京橋部長
製造事業本部	製品の製造	・製造第1部　巣鴨部長
		・製造第2部　…………
		・製造第3部　…………
企画開発本部	製品の企画開発	・製品企画部　…………
		・製品開発部　原宿部長
海外事業本部	海外事業管理 海外子会社管理	・海外事業第1部　山田部長
		・海外事業第2部　品川部長

目　次

第1講　企業法務の役割　1

濱田、着任

法務部門の仕事と役割

他部門との信頼関係構築が大切

　　➤法務の現場から──リーガルマインド　12

第2講　契約の審査と管理　16

契約審査業務

印紙と契約管理

　　➤法務の現場から──稟　議　28

第3講　取締役会運営　29

取締役会を支える

濱田、大先輩に聞く

取締役会決議事項の準備

　　➤法務の現場から──登　記　39

第4講　インサイダー取引　41

突然の来訪者──インサイダー取引疑惑

仲真の奮闘

立入調査開始

調査の顛末

　　➤法務の現場から──代表者の変更　51

第5講　株主総会運営　52

役員との信頼関係

新しい時代の株主総会

想定問答

招集通知

➤法務の現場から──情報収集　67

第6講　知的財産権　70

秘密保持契約

共同開発契約

開発したソフトウェアの権利

模倣品問題──中国編

第7講　危機管理　83

始まりは突然に

揺れる社内と「決断」

➤法務の現場から──危機管理学という学問はない　92

第8講　グローバル法務　93

EUの代理店契約

米国でのPL訴訟

グローバル法務会議

➤法務の現場から──賠償責任保険　104

第9講　贈収賄防止　106

反腐敗の潮流

反腐敗プログラムの立上げ

反腐敗体制整備

➤法務の現場から──反社会的勢力の排除　116

第10講　訴　　訟　117

特許侵害訴訟

➤法務の現場から──米国民事訴訟手続　123

第11講　下請法　126

子会社からの連絡

購買担当者との対策会議

調査終了後

第12講　育成・評価・採用・弁護士　132

佐々木課長の目指す法務部

仲真の悩み──濱田の育成

マネジメントノート

➤法務の現場から──　一人法務　148

第13講　競争法　150

英国子会社からの内部通報

第14講　コンプライアンス　155

濱田、コンプライアンスに目覚める⁉
コンプライアンスって何？
　　➤法務の現場から──懲　戒　163

第15講　景品表示　165

表示チェックと濱田の意気込み
突然の内容証明郵便

第16講　消費者対応　173

水漏れの指摘
事実確認が第一
事実確認の末に
　　➤法務の現場から──リコール　179

第17講　債権回収　181

取引先の信用不安
支援と債権の保全
法的手続による終焉
　　➤法務の現場から──債権回収のやりがい　192

第18講　事業再編　193

会社分割を2ヵ月で⁉
「それは違うぞ、濱田君」
佐々木課長、経験を語る
　　➤法務の現場から──依頼部門の体質を知る　202

第19講　M&A　203

緊急会議招集

取引成就までの障害

Due Diligenceと外部弁護士

契約締結〜クロージング〜PMI

➤法務の現場から──倫　理　215

第20講　情報管理　218

中途採用と秘密の保持

個人情報保護監査

第21講　ハラスメント　229

ある内部通報

大阪でのヒアリング

パワハラ管理職との対峙

➤法務の現場から──さまざまなハラスメント　241

第22講　企業法務の横のつながり　242

セミナーを聴講する

研究会で学ぶ

懇談会で意見交換

➤法務の現場から──自己啓発　248

エピローグ　250

経営法友会とは　252

第1講　企業法務の役割

✳ 濱田、着任

　春の柔らかな日差しに、桜が可憐な花びらをまとう４月１日、濱田は、入社以来１年を過ごした四日市工場から、本社法務部の配属となった。新しい職場に新鮮な気持ちと幾ばくかの不安を抱いて出社すると、大崎法務部長から佐々木課長と仲真主任を紹介された。

「こちらが君の直属の上司となる佐々木課長と、教育を担当してもらう仲真さんだ」

「佐々木です。うちにフレッシュな空気を吹き込んでくれることを期待しているよ。よろしく。こちらの仲真さんは弁護士資格を持っていて、弁護士事務所からの転職組なんだ。君の先生にはうってつけだと思う」

「仲真です。濱田君、ゆっくりやっていきましょう。よろしくね」

　濱田は、仲真を一目見た瞬間、軽い衝撃を受けた。艶のあるロングヘアーが小さな顔を引き立て、意思の強そうなその瞳は、大きく少し青みがかり、吸い込まれそうだ。

　初日は、他の法務部員に挨拶した後、２時間ほど仲真から社会人としてのマナーや常識の再確認、必要な法律知識、今後の教育などについてレクチャーを受け、部内の業務分担、共有ファイル、資料や図書へのアクセス方法などを教えてもらった。仲真の外見とはアンバランスな直接的なものの言い方に、なおさら深い印象を受けた濱田だった。

配属2日目を迎えた濱田は、前日に引き続き、会議室で仲真から説明を受けることになっている。

「おはよう、濱田君。まずは昨日の復習からね。昨日の私の説明、覚えてる？」

　濱田は、昨日の歓迎会で少し飲みすぎて頭が重かったが、仲真にマナーの一環としてメモを取るよう指示されていたので、昨日取ったメモを眺めながら返事をした。

「仲真さん、おはようございます。はい。え〜と、マナーについては、集合研修や工場の業務を通じて学んできましたが、仲真さんにお話をうかがって、頭の中がすっきり整理できたように思います。自己啓発については、人事にお願いして、民法と会社法の通信教育を手配しました。それと講習会は、経営法友会の新人法務部員向け入門講座と商事法務の印紙税セミナー（第2講）がそれぞれ5月にあるので、申し込んでおきました。いろいろアドバイスいただき、ありがとうございました」

　元気よく返事をした濱田だが、昨日のことを思い出すと頭がクラクラした。というのも、法学部を卒業したものの、あまり熱心に法律を勉強した記憶のない濱田は、昨日仲真から必要な業務知識の範囲を聞いて、過去の自分を呪いたいような気分だった。

「業務知識やスキルについては、少しずつ実務の中で覚えていけばいいわ。それじゃ、今日はまず、法務部門の役割や心構えについて、私の意見も含めて話すけれど、いい？」

「あ、はい」

　濱田は、回想を中断し、仲真の問いかけにあわてて返事をした。

✳法務部門の仕事と役割

「重要なことだから、よく聞いて、よく考えて、都度質問してもらっ

てもいいから、共感できる形で消化するよう努力してみてね。

　じゃあ、最初に聞くけど、濱田君は、法務部の仕事にはどういうイメージを持ってる？　ざっくばらんに言ってみて」

　仲真は、瞳にかかった髪をかき上げながら、濱田に聞いた。

「え？　法務ですか？　何か契約書ばかりイジってる、お堅いイメージがありますけれど」

　濱田は、ドギマギしながら答えた。

「イジってるって……。まあ、いいわ」

　仲真は気を取り直して続けた。

「法務部にはどういう役割があるかっていう質問に対しては、どう？」

「役割ですか。えっと、営業や製造部門が暴走しないように抑えるとかでしょうか」

「そうね。確かにそういう面もあるわね。他には？」

「僕は入社してから1年間工場にいましたし、新人でしたから法務部と関係する仕事は全然なかったけど……そういえば以前、製造設備が故障したときに、工場長が法務のおかげで助かったと言ってたような覚えがあります。ということは、現場をフォローするような役割もあるのかな」

「そんなことがあったわね。新しい設備を入れて、不具合があったときかな。設備会社と補償について交渉して会社に損害が発生しないようにしたんだっけ」

「はい、それです！」

「企業法務の役割といってもいろいろな考え方があるし、とらえ方も人によってさまざまだけど、私が思っていることを言うから、感想や

3

意見を聞かせてもらえるかしら。

　今、濱田君が言った切り口は、企業法務の支援機能と牽制機能と言われるものよ。

　企業法務の役割の一つとして、**支援機能**があるけど、それは会社の事業が適正に、円滑に、そして効率的に運営されるよう、法的なサービスを経営や他部門に提供することなの。ちょっと砕いて言うと、私たち法務部門のお客様は、経営陣や現場なんだけど、そのお客様が直面する問題解決のお手伝いをして、仕事がきちんと、スムーズに、そしてできるだけ楽に運ぶようにすることなの。あなたが言った工場設備の故障に対する支援はその一例とも言えなくはないわね。

　常日頃から経営や他部門と密接にコミュニケーションを取って、必要な法的サービスを必要とする部門に適切に提供することは、企業法務の重要な役割の一つだわ。

　現地の競争法や会社法、裁判制度などを調査・研究して、海外での事業展開や現地資本の買収をサポートすることなどもそうね。

　法友電気は家電メーカーだから、法務が事業の中心となることはほとんどないけれど、場合によっては、法務部門が経営に提言して、主導権を握って積極的にプロジェクトを推し進めるケースもあるのよ。これを『**戦略法務**』と呼ぶ人もいるわね」

　仲真は、自分の頭の中を整理するように少し遠くを見つめながら、続けた。

「もう一つの法務の役割は、**牽制機能**といって、会社の法的リスクを管理して、万が一問題が発生したときに会社が被る損害を最小限度にすることよ。リスク管理の一環ね。ただ、一環とは言っても、会社のほぼすべての行為が契約を中心とした法律行為だから、法務が関与する局面はとても多いの。

　社内の各部門が行っている事業や業務に関する法的リスクを洗い出し、評価・分析して、リスクをコントロールしなくてはならないから、

場合によっては、想定されるリターンとの兼合いで、他部門にブレーキをかける必要が出てくるのよ。これを『**予防法務**』と呼ぶこともあるわ。

　もう一つ、法的リスクをコントロールするとは言うけど、すべてのリスクを回避することは到底できないから、取引先の破たんや紛争、事故、不祥事が発生することもたまにあるの。その際に、私たち法務部員が最前線に出て行って、体を張って、被害を最小限度に抑えることも必要なの。広義のリスク管理の一環で危機管理や危機対応と言われる分野だけど、あなたが工場長から聞いた設備トラブルのケースは厳密に言うとこちらに分類できるかしら。これを『**臨床法務**』と言うこともあるの。臨床法務の段階になると、牽制機能というよりは、支援機能を発揮することになるかしら」

「臨床というと、お医者さんみたいですね。漠然と僕が考えていた法務と比べると、とても守備範囲が広いんですね。そうなると、法務って会社のやっていることすべてに関わる必要があるんじゃないですか」

「そうなの。ただ、法務部門のマンパワーは限られているから、会社の業態や法務部門の人数・規模によって、支援機能や牽制機能がどの程度任せられているかはまちまちね。うちは、海外展開型電気機器メーカー・中規模法務に分類されるのかしら。

　企業の数だけ、企業法務の形があるのよ。たとえば、うちでは法務部が契約書をチェックしているけど、まったくしていない会社もあるの。その理由もさまざまで、マンパワーが足りないから、チェックしていない会社もあるし、従業員に対する法務教育やひな形の整備がしっかりしているのでわざわざ法務部がチェックする必要がない場合や、各部門に法務スタッフを配置して、そこでチェックしているケースもあるのよ」

「ふぇ〜」

　濱田は、すっかり驚いて変な声を上げた。仲真は、経営法友会が主

催する研究会に参加し、さまざまな企業の法務担当者と交流しているので、他社の法務部門についても知識が豊富だ（第22講）。法務の経験のない濱田にとって、ましてや他社の法務に関連した多様性の話は少し早いかなと思いつつ、次の話題に移った。

✴ 他部門との信頼関係構築が大切

「そして、濱田君も経験するとわかると思うけど、支援機能と牽制機能の狭間で、他部門に対する接し方や責任問題で苦労することがあるの。

　具体的に言うと、牽制機能を高めすぎると法務の敷居が高く感じられるから他部門が相談に来なくなって支援機能に支障を来たすこともあるし、逆に、支援機能を意識して他部門サイドの考え方を尊重しすぎると法的リスクが顕在化して会社に損害が発生することになりかねないの。

　法務部門には、事業そのものについて権限があるわけではないから、原則として最終的には当該部門や経営が責任をもって判断することになるのだけど、牽制機能を効かせようと思うと責任論にまで踏み込んでいかなくてはならないときもあるのよ」

「そうすると、支援機能と牽制機能とはお互いに向き合う関係にあるんですか？」

　濱田は、少し混乱しながら仲真に尋ねた。

「そうね……『あちらを立てればこちらが立たず』、トレードオフの関係にあるとも言える……そうなってしまう危険性はあるわ。でも、それを解決するためのキーになる手段があるのよ」

「え、そんな便利なものがあるんですか？」

「そうなの。ここも重要なポイントなの。わかるかしら」

「いやぁ、全然、僕には想像もできません」

「それじゃあ、答を言うけど、それは、経営も含めた他部門と信頼関係を構築することなのよ。まあ、これは法務に限らないことかもしれないわね。たとえば、濱田君が病院に行くとして、以前お世話になって信頼しているお医者様と、まったく知らないお医者様とどちらに行く？」

「もちろん、信頼している先生がいたらその先生にお願いします」

濱田は即答した。

「そうよね。その信頼するお医者様が『あなたには悪性腫瘍があります。すぐ手術しないと大変なことになりますよ』って、CT画像を見せて言ったらどうする？」

「う〜ん。CTの画像を見せられて説明されたら、お医者さんの指示に従います。命は惜しいですからね」

「そうでしょう。法務部も同じよ。他部門をお客様だと思って法的サービスを提供して、『法務を利用してよかったなぁ』と思ってもらって、信頼関係を築くことがとても重要なの。信頼関係があれば、通常のアドバイスだけでなく、よく説明すれば苦言でも聞いてもらえるし、早いタイミングでいろいろ相談してもらえるの。末期になって相談されて、手遅れになっては大変でしょう。牽制機能を発揮するためにも信頼関係の構築は欠かせないのよ」

「信頼関係の構築っていっても、具体的にはどうやって築けばいいんですか？」

「いい質問ね。信頼関係構築のきっかけはいろいろあるけど、日常の契約書審査と法務相談は、他部門と直接コミュニケーションが取れるし、頻度も多くて、絶好のチャンスなの。

他部門をお客様だと思って丁寧に、そして迅速に対応して、実際に役に立つ必要があるのよ。

日常の相談案件以外でも、たまにある紛争処理、債権回収などの危機対応や、大きなプロジェクトに参画するような場合も、スピー

ディーに問題を解決したり対応したりすることができれば、法務への信頼が増すからこれもチャンスね。

　経営においても、たとえば株主総会の運営では事務局として議事進行や答弁をサポートして、株主総会を円滑に終了させるととても感謝されるわ。

　もちろん、信頼関係の構築には、私たちが日々研鑽を積んで、知識や能力、スキルを向上させることが欠かせないの。いくら人柄に信頼がおけても、藪医者にはかかりたくないでしょう」

「な、なるほど、そうですよね。自分もそのつもりでがんばります」

　俄然、やる気が出てきた濱田であった。

「私はまだまだだけれど、佐々木課長は他部門に営業に行ってるのよ」

「法務が営業!?」

「そう、営業。さっきも言ったけど他部門はお客様なのよ。御用聞きよろしく営業に出ることも必要なの」

「御用聞きぃ!?」

「キーって、濱田君……」

「キー！」

「もう、いいから！」

　濱田のボケにあきれながら、仲真は続けた。

「さっき、あなた、法務にお堅いイメージがあるって言っていたでしょう？　そんな先入観を持った人たちは社内にも結構いるから、積極的にコミュニケーションを取って、社内営業をかけることも必要なの。だって、事件は現場で起きているのよ」

　仲真は有名なドラマの台詞を借りて表現した。

「法務部は財務経理部や人事部、経営企画部と並んで、基本的には直接利益を生まないコストセンターに分類される本社管理部門なんだけど、だからこそ、支援機能と牽制機能という会社から期待される機能を発揮して会社に貢献するという使命があるの。

　そのためには、受け身で契約書や法務についての相談に対応することだけじゃなくて、実際に事業を行っている現場である他部門や関係会社に積極的に営業をかけて、現場のニーズや法務部に対する感想をざっくばらんに聞いたりして、関与の度合いを深めることで、支援機能と牽制機能を発揮できる環境を整える必要があるのよ」

「企業法務って、僕が思っていたものと全然違うんですね」

　仲真から聞いた話は、どれもこれも死角から飛び込んでくるパンチのように、濱田が抱いていた企業法務に対する先入観を見事に破壊し、濱田の心に刻み込まれた。

　その夜、4月1日付で本社に異動になった面々の歓迎と花見を兼ねた同期会が開催され、濱田も主賓の一人として参加した。その席上、仲真の印象や企業法務の役割について、他の同期に熱く、自慢げに語る濱田であった。

NOTE

Ⅰ　企業法務の役割・機能

　企業法務の役割や機能については諸説ありますが、ここでは、経営や他部門に対する支援機能と牽制機能という二つの側面で整理します。

　まず、支援機能とは、法的サービスを経営や他部門に提供することによって、会社の事業や業務執行を適正、円滑かつ効率的に実施できるようにする機能です。

　これを一歩進めた考え方が「戦略法務」です。「戦略法務」とは、法務部門が経営に対し戦略的に提案をして、主導権をもってプロジェクトなどを推進することにより企業業績などに直接貢献することです。企業により事業内容や経営戦略が異なりますので、「戦略法務」の内容や実態も一様ではありません。

目的と手段	内容			
目的 （ミッション）	会社の持続的成長に貢献すること			
手段 	役割	役割の内容	別称	
	①支援機能を 発揮すること	経営への関与	戦略法務	
		平常時の支援機能 （M&A、海外取引などの支援）	―	
		緊急時の危機管理 （紛争・事故・不祥事対応等）	リスク管理	臨床法務
	②牽制機能を 発揮すること	平常時のリスク管理 （契約書審査・法律相談など）		予防法務
手段2	経営や他部門との信頼関係を構築すること			
手段3	①経営や他部門と密接にコミュニケーションを取ること			
	②問題を迅速・効果的・効率的に解決すること			
	③研鑽を積んで、知識・能力・スキルを磨くこと			

　次に、牽制機能とは、法的リスク管理の観点から法務部門が経営や他部門の意思決定に関与して、事業や業務執行の内容に変更を加え、場合によっては意思決定を中止・延期させる機能です。このことにより、将来において法的リスクが顕在化する可能性を低減することができますが、これを「予防法務」と呼ぶこともあります。

　また、いくら事前に法的リスクを管理していても、紛争、事故、不祥事など法的リスクが顕在化することは避けられません。

　これら紛争などに対応して、会社に発生する損害を最小限に抑えることは、広義の法的リスク管理の一環で、危機管理や危機対応と呼ばれますが、これも企業法務の役割です。これを「臨床法務」と呼ぶこともあります。「臨床法務」は、支援機能の一つと考えることができます。

Ⅱ　経営や他部門との信頼関係の構築

　支援機能と牽制機能を両立させ、最大限に効率よく発揮するためには、経

営や他部門との信頼関係の構築が欠かせません。信頼関係を構築するために
は、経営や他部門と常日頃から密接にコミュニケーションを取ること、社内
に生じた法的問題を迅速・効果的・効率的に解決すること、日々研鑽して、
法務部員や法務組織全体の知識、能力やスキルを磨くことなどが有効です。

Ⅲ　企業法務のミッション

　企業法務部門は、「法務部」などの名称が一般的ですが、本社管理部門の
1 セクションとして設置されるケースが多いと考えられます（会社によって
バラツキがあります）。

　本社管理部門は、コストセンターであり、原則として直接利益を計上する
部門ではありません。

　しかしながら、企業法務は、常に経営や他部門とコミュニケーションを取
り、支援機能と牽制機能を適正に果たすことにより、所属する会社の持続的
成長に貢献しなければなりません。

POINT

1 企業法務の役割には、支援機能と牽制機能がある

2 企業法務が支援機能と牽制機能を効果的に発揮するためには、
経営や他部門との信頼構築が欠かせない

3 企業法務のミッションは、支援機能と牽制機能を発揮し、会社
の持続的成長に貢献すること

企業法務に役立つ参考文献

小島武司＝米田憲市監修　経営法友会法務部門実態調査検討委員会編
著『会社法務部——第11次実態調査の分析報告（別冊NBL）』（商事法務、
2016年 5 月刊行予定）

法務の現場から　リーガルマインド

1　リーガルマインドとは

　リーガルマインド（legal mind）は、法的（法律家的）精神、法的思考法、法的知性、法的なものの考え方などと訳すことができます。また、大学の法学部では、リーガルマインドの養成を教育目標に設定しているところも多く、皆さんもよくご存知の言葉ではないでしょうか。

　では、リーガルマインドとは具体的にはどのような背景や意味を持つ言葉でしょうか。

2　米日におけるリーガルマインド

　ここでは、まず、米国におけるリーガルマインドを考えてみましょう。英米は、日本と異なり、コモン・ロー（判例法）を中心とした法体系となっています。そこで、米国のロー・スクールでは、教育方法もコモン・ローに対応するため、具体的な判例を素材にその中から法原則や法理を導き出して、それを他の事例にも応用する帰納法的なケース・メソッドでの講義が行われています。そのような教育手法は、1870年にハーバード大学ロー・スクール教授に就任し、初代学部長に抜擢されたラングデル（Langdell）によって始められました。

　このような背景のある、米国におけるリーガルマインドの意義は、「具体的なケースから抽象化した法原則や法理に基づき、結論を引き出すことができる、法律家の思考法や精神」と定義することができます。

　一方、日本ではどうでしょうか。かつての日本には、法科大学

院がなく、米国から渡来したリーガルマインドは、大学法学部で
その修養が目標とされるようになりました。

　しかし、大陸法体系の日本では、講師による座学が中心でした
から、米国流のリーガルマインドとは趣を異にします。そのよう
なこともあって、日本では、リーガルマインドについて、さまざ
まな解釈がなされているのが現状のようです。

3　企業法務におけるリーガルマインド

　そのような背景のあるリーガルマインドですが、企業法務とし
ては、「企業内で発生するさまざまな課題について、解決するこ
とを可能とする法的な思考力」と考えておけばいいのではないで
しょうか。

　では、このリーガルマインドを支える要素には、どのようなも
のがあるでしょうか。

　①　当てはめる思考力

　第一の要素は、法令などについて、その目的や背後に流れる哲
学や論理を理解し、発生する課題や現象に当てはめ、応用し、処
理・解決する思考力です。

　企業の現場では、国内外を問わず、取引先との利害対立、M&A、
事故・不祥事などさまざまな課題が発生します。その際、事実関
係を調査・分析し、その課題に適用される法令を検討します。し
かし、適用される法令が一つとは限りませんし、必ずしも課題に
ぴたりと当てはまる法令があるとも限りません。あわせて、法の
趣旨などを理解し、法令適用に関する優先順位や他の条文や判例
を類推解釈するなどして課題解決を図らなくてはなりません。

　②　結果を予測する思考力

　次の要素は、課題が最終的にどのように解決されるかを見通す

力です。

　たとえば、取引先との紛争が当事者間で解決できなかった場合、最終的には裁判所の判断を仰ぐこととなります。ですから、裁判所の判断を予測できないと、相手との交渉において、どのような戦略やスタンスを取るのか意思決定できません。

　取引先に請求している損害賠償額が交渉の争点となっているケースを想定しましょう。そのようなケースでは、訴訟を提起した場合、判決として出される損害賠償額のレンジ、その際の弁護士報酬、そして訴訟期間などをある程度予測します。そのような予測からコストやリターン等を勘案して、相手が損害賠償額をこの額まで譲歩するのであれば、和解したほうが得策であるなどの方針を立てることができます。

　③　法的リスクを予測する思考力

　予防法務においても、当然のことながら予測する力が非常に重要になります。たとえば、契約書の審査を依頼された場合、契約の目的・内容を理解した上で、取引に潜むさまざまな法的リスクを予測しなくてはなりません。リスクを洗い出して、分析・評価した後で、リターンとの兼合いから、どのようなリスク対応が合理的なのかを考え、取引の内容や条件、契約書上の文言などについて、担当部門にアドバイスすることとなります。

4　おわりに

　経営法友会では、法務部門が目指す将来像を「経営の羅針盤となる法務」としていますが、そのコアとなるコンパスがリーガルマインドです。環境変化等により発生する、これまで経験のない課題に対しても、リーガルマインドという名のコンパスを使って方向を指し示すことにより、会社を導くという考え方です。我々

企業法務パーソンは、リーガルマインドという武器を磨いて会社に貢献しようではありませんか。

　より深く学びたい読者には、石井幸三「いわゆる『リーガルマインド』という日本語について」龍谷法学45巻1号103頁（2012年）、松岡誠「法哲学的思考論──法の独自性をめぐって」創価法学20巻1号24頁（1990年）、松浦好治「'Law as Science' 論と19世紀アメリカ法思想(1)──ラングデル法学の意義」中京法学16巻2号50頁（1981年）、大平善梧「ケースメソッドと国際法」法学研究（一橋大学）2号33頁（1959年）が参考になります。

第2講 契約の審査と管理

契約審査業務

　法友電気法務部で一番多い仕事は契約審査で、これは法務部全員で担当することになっている。社内規程でも一定の契約は締結前に必ず法務部の審査を受けるルールとなっているため、営業、開発その他社内のいろいろな部署から審査依頼が来る。審査依頼は「契約審査依頼書」というフォームに契約書案を添付して電子メールで行っている。依頼書フォームには、契約の背景や審査回答の希望納期のほか、契約の相手方、懸念される条項などの情報を書き込むようになっていて、一通りは契約書に目を通さないと記入できない仕組みだ。依頼者の中には、契約書をまったく読まずにそのまま法務部に送ってくる人もいるので、契約当事者としての意識を持ってもらうためにも、依頼部署で最低限の確認プロセスを経るような仕掛けにしてある。

　法務部へ来てまだ日の浅い濱田にとっては、一つひとつの契約条項を理解するだけでも時間がかかるが、契約審査業務のような地道な仕事は早く先輩たちのようにサクサクこなせるようになって、一日も早く裁判やM&Aのような、もっと格好良い仕事がしたいと思うのだった。

　濱田は、佐々木課長から昨日アサインされた「購買基本契約書」のチェックに取りかかっていた。営業担当者から送られてきた契約審査依頼書によれば、「当社にとって新規の大口顧客なので、スムーズに契約締結できるよう、お客様指定フォームで契約したい。修正交渉は

不可だと考えてもらいたい」とある。修正交渉できないなら法務で
チェックしても意味ないな、と思い、濱田は仲真に相談してみようと
声をかけた。

　仲真はパソコンの手を止めると、濱田が差し出した審査依頼書を受
け取った。

「そうねえ、新規顧客で大口受注とあるから、営業もお客様からプ
レッシャーをかけられているのでしょう。でも、実績がないお客様と
新規で大口ってことは、その分リスクもあるから、契約も慎重にしな
いとね」

　依頼書を返しながら仲真が言った。

「濱田君、私たちの仕事は、依頼された契約の修正案を作るだけじゃ
ないわよ。まずは、依頼部署が実現したいと考えている目的に適った
契約になっているか、あるいは大きなリスクが隠れていないか、それ
を確認しないとね。それを依頼部署とも共有して、その上で契約の相
手方であるお客様の意向も理解しつつ、どのように契約交渉し、合意
に落とし込んでいくか。戦術も含めて提案していくことが必要なん

じゃないかな。どんな契約でも、まずは契約の背景や目的、担当部門の意向をヒアリングして、事実関係や審査ポイントを把握することが契約審査で必要なプロセスだって、この間話したじゃない？　でも、担当部門の人たちが契約内容や各案件の法的リスクをすべて把握できているとは限らないし、理解できていないところや気付いていないところ、ときには契約とは直接関係ないところに問題が潜んでいる可能性だってあるの。それを会話の中でうまく聞き出していくのも私たちの役割であり、法務の契約審査においてとても重要なことだと私は思うのよね。同じ種類の契約でも、案件によって注目すべきポイントはいつも同じとは限らないしね」

「そうでした。後で仲真さんの予定表を確認して営業さんとの打合せを設定しますので、同席をお願いします。ところで、もし今回修正すべきリスクが見つかって、それでも修正できない場合は、契約をあきらめてもらうしかないんでしょうか」

心配そうに濱田が尋ねた。

営業から送られてきた購買基本契約書をパラパラとめくりながら、交渉が必要な条件はありそうだけどそこまで心配しなくても大丈夫よ、と仲真は微笑んだ。

「まずは営業さんからお話を伺いながら今回特に注意すべきポイントを洗い出して、それから、当社の懸念を回避するには修正する以外に何か他の手だてがないのか、営業と一緒に考えてみたらどうかな。たとえば、この契約には当社のルール上必要な販売契約条件が入っていないとするじゃない。今回の契約は基本契約で、個別契約書であるお客様の個々の注文書に共通して適用される条件を一律に定めているのだけど、本契約と個別契約の内容が異なる場合には個別契約が優先する、と書いてあるわね。個別契約が基本契約に優先するなら、基本契約を修正しなくても、個別契約で対応するという案もあるわよね。あるいは、リスクを価格に転嫁できるのかとか、営業さんとブレインス

トーミングしながら代替的なアイデアを考えるのも大切よ。法務からのコメントはある程度一貫性が大切だけど、いつも過去と同じマニュアル通りの修正案を提案すればよいわけじゃないのよ」

法務部の過去の審査記録を参考に先輩たちのコメントを真似すればよいと軽く考えていた自分の心を仲真に見透かされているような気がして、濱田はドキッとした。

「法務はバックオフィスだからお客様との交渉に出向くことは少ないけれど、お客様との厳しい交渉の矢面に立つのは営業さんでしょ。だからまずは営業さんが納得した上で、次にお客様にもご理解頂けるよう、案件ごとの目的やリスクに応じた修正案や代替案を考えていくべきだし、わかりやすい理由づけなんかも、私たち法務の付加価値だと思うのよね」

濱田は同期会で営業の同期から聞いた話を思い出した。上司と一緒に契約交渉に行ったという同期は「自分はメモを取るだけだったけど、上司は２時間ずっと、お客様に文句を言われながらがんばって交渉していたんだ。お客との契約交渉はまじでヤバイ」、そう言っていた。あの時は聞き流していたけれど、営業の人は僕が作る修正案をお客さんと交渉することになるんだと、今さらながら現実味を感じて、濱田は冷汗が出そうだった。

「ビジネス上の契約は基本的にお互いにwin-winとなる方向を目指すべきだと思うから、実現すべき目的に向かって、ある程度リスクテイクして、譲歩しながら着地点を探していく姿勢が大切だと思うわ。だけど濱田君、私たちは営業さんとか現場の担当者の立場に寄りすぎてもいけないのよ。営業部門としてはどうしても受注したい契約であっても、経営の観点からは、事業上のメリットとリスクを天秤にかけて、想定を超えるようなコストにつながりうるリスクは、排除しておかなければならないの。私たちの仕事は、支援機能と牽制機能をうまくバランスさせながら進める必要がある（第１講）のだけど、まずリス

クを洗い出し、その対応策を提案しながらできるだけリスクを絞り込み、目的達成のためにリスクテイクして契約するかどうか経営上適切な判断ができるようお手伝いする作業ともいえるかな……。最終的に法務の提案が契約の相手方にも受け入れられて合意に至ったと聞くとほっとするけど、契約交渉においてはどこまで要求し、どこまで譲っていいのか、悩むことも多いのよね。契約が順調に履行されている限り、契約書が読み返されることすらないしね。でも、契約文言に問題があって結果的に大きな損失につながったというようなトラブルの話を聞くと、私たちの日々の契約審査の積重ねって、会社をリスクから守るためにも重要な仕事なんだなって実感するのよね。濱田君は契約チェックは地味な仕事だって今は感じてるかもしれないけど……」

そこへ絶妙なタイミングで打合せから戻ってきた佐々木が、微笑みながら二人の会話に加わった。

「濱田君、契約チェックは地味だなんて思ってるの？」

「いえいえ、そういうわけではないんですけど……」

慌てて否定した濱田だったが、もはや完全に冷汗が噴き出して縮こまるしかなかった。

笑いながら佐々木が言う。

「いや、実は僕も昔はそう思ってたけどね。でもさ、この地道な積重ねが僕たち法務パーソンの血となり肉となるんだよな」

そう言って左腕をこぶしでたたいた。

「濱田君のやりたがってるM&Aでも、買収対象の会社を調査するDue Diligenceが肝なんだけれども、そこでの法務の仕事は猛スピードで大量の契約チェックをするようなものだからね。それに、机で読んでいると契約審査はつまらないペーパーワークに感じるかもしれないけど、契約ってダイナミックなビジネスの流れに大きく関わっているんだよね。ビジネスの事業性の検討段階から、取引開始、債権回収、保証、アフターサービス、トラブル対応や解決、場合によっては撤退に

至るまで、日常の取引に関する契約は事業のライフサイクルに関わる
し、後工程や他のビジネスにも影響を与える可能性があるから、結構
責任重大なんだよな。もちろん、自社のビジネスをよく理解していな
いと適切な提案はできないし、世の中の変化にも対応して新たな提案
をしていく必要があるしな。今はまだイメージするのが難しいかもし
れないけど、契約文面だけを凝視してないで、その背景や周囲を眺め
てみたり、想像してみたらどうかな。結構視野が広がるし面白くなっ
てくると思うよ」

　がんばれよと佐々木に肩をたたかれ、「はい、がんばります！」と
元気よく敬礼する濱田は、二人の笑いを誘うのだった。まだ暗中模索
状態であるものの、契約審査業務もかなり奥が深そうだと濱田は感じ
始めていた。自分の浅さを感じて少し落ち込んでいたのも束の間、自
分もいつか佐々木さんや仲真さんみたいにカッコよくなるぞ、と切り
替えが早いのは、濱田の長所である。

印紙と契約管理

　その後濱田は、仲真と一緒に「購買基本契約書」について何度か営
業担当の小林と打合せを行った。営業畑一筋で百戦錬磨の小林との打
合せは一筋縄ではいかなかったが、想定しうる具体的なリスクを潰す
ために現実的な解決策を提案したいという仲真の姿勢に小林も一目置
いてくれて、最終的には変更覚書で一部修正する方向でお客様に提案
することになった。打合せの中で、先方の要求の背景や、交渉から契
約に至るまでの先方の社内手続、それらに対応するための営業として
の交渉戦術などを小林から教えてもらった濱田は、いまさらながら自
分たち法務の審査結果の影響や重みを感じ、緊張感を覚えたのだった。
一方で、営業活動の中で契約審査という仕事が役立っているのを実感
できた気がして、少し嬉しかった。

無事お客様と合意に至ったとの電話が小林からあった翌日、小林が法務部に顔を見せた。

「濱田ちゃん、今回はいろいろ助かったよ、ありがとう」

　急に後ろから声をかけられ、濱田は慌てて立ち上がった。

「ご丁寧にありがとうございます。うまくいってよかったです。こちらこそ勉強させて頂きました」

「今日これから早速お客さんのところに契約書と覚書を持っていこうと思ってね、それぞれ二通分袋とじをしてきたんだけど、社長印と社印を押してもらえるかな。ルール上はうちの部長にも調印権限はあるんだけど、今回は新規で大口顧客だし、先方も担当役員が調印するんで、社長名で調印することにしてね。これ、社長印の捺印請求書ね。あと、印紙って4,000円でいいのかな？　覚書のほうも必要かな？」

　法友電気の契約管理規則では、契約の調印者は原則として部長以上になっている。また、社印と社長印（代表取締役登録印）は法務部で管理しており、社長印の押印をしてもらうには、文書の担当部門の部長を請求者とする「捺印請求書」に必要事項を記入し、法務部に持参することになっている。文書の内容については担当部門に責任があるが、一応法務部でざっと文書を確認した上で押印することになっている。社長印の押印業務は法務部全員で担当するが、若手が積極的に対応することとなっているため、ほぼ毎日行っている濱田の押印作業も最近では大分手馴れてきていた。

「社長印は承知しました。えっと、印紙ですか……。あの、仲真さん、印紙ってどうしたらいいんですか？　財務経理部ですか？」

「濱田君、印紙税は法務部の所管よ。来月の印紙税セミナーも申し込んであるじゃない。書棚の印紙税の本を持ってきて」

　そうだった、と濱田は慌てて書棚に印紙税の本を探しに行った。契約書に貼付する印紙は、契約の内容によって課税の有無や金額が変わるため、印紙税については法務部の所管となっている。印紙税セミ

ナーでは契約書に貼る印紙のことを学ぶのかと、濱田は今やっと気づいたのだった。

　仲真が印紙税法の本を開いて説明した。

「濱田君、この課税物件表にあるのが印紙税の課税文書よ。今回の購買基本契約はこの七号文書の『継続的取引の基本となる契約書』の要件に該当するから、小林さんのおっしゃる通り、4,000円ですね。それから、覚書は……『重要な事項』の変更がないので、今回は不要です」

　小林から渡された4,000円の印紙を契約書に貼りその上から社長印を押印する濱田の作業を横で確認しながら、仲真の濱田への指導は抜かりない。

「濱田君、後で印紙税法施行令第26条記載の七号文書の要件と、通則と通達を調べて、今回の購買基本契約と変更覚書への適用を確認しておいてね」

　急いでメモを取る濱田。セコウレイ26、七号、ツーソク、ツータツ？？？

「お、濱田ちゃん、社長印ありがとな。ところで仲真さんさ、調印終わったら、総務部へ原本の保管依頼をすればいいんだよね？」

「はい、お願いします。まず契約データベースシステムに登録してから保管依頼して下さいね」

「おー、そうだったね。了解。濱田ちゃんも仲真さんにしごいてもらってがんばれよ。またよろしくな」

　片手を挙げると、小林は機嫌よく法務部を出ていった。尊敬する営業さんに激励の言葉をもらってちょっぴり達成感に浸りながら、濱田はさっそく、印紙税法を調べ始めた。

NOTE

I 契約審査の心構え——クライアントとのコミュニケーション

　各種契約書に通常記載すべき内容やその法的効果や目的を理解した上で契約審査に取り組むべきことはもちろんですが、契約審査業務において最も重要なのは、依頼元である事業担当者（クライアント）から十分にヒアリングして案件ごとの目的や背景をしっかり理解すること、そして当該案件のポイントを押さえた上で契約の目的が効果的に反映されるような契約文言や対応を提案することにあるといえます。同じ契約書でも、状況によって、提案すべき内容が異なることもあります。また、業界によって注意すべき点が異なることもあるでしょう。どのケースでどの程度注意深く記載すべきかは、経験を積んで勘やノウハウを磨いていくことになります。なお、日常的な契約審査では、法的にNGかどうかを助言するよりも、取引上のリスク＝コストにつながるかどうかを助言する場面が圧倒的に多いと思われます。法的には問題ないけれども、事業上のリスクを取るかどうかのビジネス判断を事業部門にしてもらうための助言や提案です。そのためには、我々法務担当者も、日頃から事業の内容や特有のリスクを理解しておくことが必要になります。

　また、修正案を作成する際には、その修正目的をクライアントである事業担当者に十分理解・納得してもらえるよう説明するとともに、修正交渉を行う事業担当者の立場に立って交渉をサポートすることも、企業法務として重要な役割といえます。

II 契約ひな形

　ほとんどの会社では、よく利用される契約書についてはひな形化して効率を図っています。法務部の新人は、市販のひな形集とともに、まずは自社のひな形を参照しながら、他社の契約フォームをチェックすることになるでしょう。もちろん、あらゆるケースに万能なひな形を作ることは困難ですし、ひな形の内容が必ずしもベストとは限りません。現在のひな形は、先輩達が

過去の経緯や議論を経て作成時点でベストなものとして作られた文案ですが、世の中の流れや自社の経営環境の変化によって、ひな形を常に進化させていくことが大切です。もちろん、法令改正や判例変更のほか、業界慣行の変化などに応じたメンテナンスも必要です。

Ⅲ　審査結果記録

日々の契約審査結果の記録は、その他の法務相談案件と同様、同種の案件を扱う他の法務担当者にとっての参考資料としても有用です。会社によっては、社内のクライアントとのやり取りや審査結果を記録する特別なデータベースを使ったり、もう少し簡単に、法務部内のサーバー上にまとめて保存した審査結果をエクセルで簡単にデータベース化するなどして、業務の効率化に役立てているところもあります。法務部の新人にとっても、ひな形とともに重要な情報ソースです。

Ⅳ　原本保管とデータベース

契約書原本は、総務部や法務部が一元管理をしたり、契約書の種類に応じて担当部署が保管するなどして、紛失防止対策が図られます。また、情報管理の目的から、締結した契約をデータベースに登録して、契約をPDF化しておくのも効率的です。ただし、契約によってはその内容（あるいは契約の存在自体）を秘密情報として関係者外秘の扱いとすべき場合がありますのでデータベース化する場合には注意も必要です。

Ⅴ　印紙税

印紙税は、特定の契約や取引関係を証明する「文書」に対して課税される税金であり、内容により課税の有無や金額が決まるため、特に事業会社においては日々契約書を扱う法務部門が担当していることも少なくありません。印紙税法別表第一（課税物件表）をコピーして机のマットの下に置いている法務担当者もいます。日常の契約で特に話題になるのは、請負契約（第 2 号文書）か委任契約（不課税文書）かの判断や、請負契約（第 2 号文書：金額

記載なければ200円の印紙税）か継続的取引契約（第7号文書：4,000円の印紙税）かの判断などです。他の税金に比べれば金額は大きくはないかもしれませんが、判断を誤ると過怠税の対象となりえますので、契約を担当する法務担当者としては印紙税の正確な知識は必要でしょう。また、会社によっては、契約書原本は一つとし、他の当事者はコピーを保有することとしたり、取引基本契約書のひな型が第7号文書の要件に該当しないようにするなど、印紙税を考慮して契約書管理をしているところもあります。もちろん、節税のために契約上本来明確にしておくべき内容を記載しないで省略するのは本末転倒であることは言うまでもありません。

Ⅵ 社長印管理

　代表取締役の登録印は法務担当部署が保管・管理している会社も多いと思われます。代表印を白紙委任状などに不用意に押してしまうことのないように、法友電気のように、代表印押印の際には「捺印請求書」などを用いて記録を残し、法務部で形式的なチェックを行った上で押印するという会社もあります。

POINT

1 契約審査は依頼部署とのコミュニケーションが鍵

　個々の案件にフィットした適切な契約書に仕上げるには、契約の目的や背景を担当部署からうまく聞き出すことが不可欠。担当部署との会話の中で、これまで気付いていなかったリスクや解決策が見つかることもあります。法務パーソンにコミュニケーションスキルが不可欠であるゆえんです。

2 修正だけが契約審査の目的ではない

　自社にとって有利な、あるいは双方にとって受け入れ可能な「文案」を提案することはもちろん重要ですが、案件ごとに具体的にその目的やリスクをイメージし、その必要性や緊急性に適合した「対応策」を考えることが企業法務の付加価値。修正案は対応策の一つの形です。

3 ゆりかごから墓場まで

　企業法務の契約業務は、契約の文面だけを考えるデスクワークではありません。契約はビジネスのライフサイクルに関係あるいは影響するものです。一方で、契約書周りの細かなサポートも必要。契約業務にも、鳥の目、虫の目、魚の目が必要です。

実務に役立つ参考文献

①堀江泰夫『契約業務の実用知識』（商事法務、2010年）

②国税庁「タックスアンサー」（印紙税）

　（http://www.nta.go.jp/taxanswer/inshi/inshi31.htm）

法務の現場から　稟　議

　日本企業には、稟議書というものが存在します。稟議とは持ち回り決議のことで、本来会議を開催して決裁すべき事項を稟議書という書面に記載し、それをあらかじめ定められた決裁者が順番に承認（押印）する決裁方法です。現在では、イントラネット上の電子システムにおいて行うことが多くなっています。企業によって名称・区分等に差異はありますが、たとえば、最終決裁権者に応じて、社長決裁稟議、本部長決裁稟議、部長決裁稟議などの区分があり、稟議決裁規程などでそのそれぞれの決裁権限（事項・金額等）が定められています。

　企業によっては、法務部門が契約等の案件において、稟議決裁者となることがあり、その際は契約条項のチェックを行うとともに、案件における法的リスクの審査を行った上で承認・否認の決裁を行います。このような決裁権限は、契約審査における法務部門の権限確保のための手段として有効です。

　また、稟議書は、会社の決裁の記録としての意味合いを有し、監査や行政による調査（税務調査等）などにおいて、確認されることがあります。そのような観点から、必要事項を漏れなく正しく記載することが求められます。

　一昔前の稟議担当者からは、「手書きの稟議書が主流であったため、途中で否認され、何度も初めから書き直しを余儀なくされた（「て・に・を・は」レベルの決裁者の趣味の世界で否認ということも少なくなかったようです）」というような苦労話が聞こえてきます。

第**3**講　取締役会運営

👓 取締役会を支える

　濱田は法務部に配属されたと同時に、大崎法務部長からの指示で佐々木が取りまとめる取締役会事務局の一員となっている。

　濱田は、仲真が進める5月の取締役会の資料準備をサポートすることになった。

「これが定款と取締役会規則、昨年度の法友電気の株主総会招集通知、有価証券報告書よ。一度目を通しておいてね」

　仲真から、定款、取締役会規則のコピーと昨年度の株主総会招集通知、有価証券報告書を受け取った濱田は、まずは定款から読んでみることにした。取締役会規則は、法務部の内規としてあり、上部にはマル秘の印が付されている。学生時代に会社法の授業で他社の定款を読んだことはあるが、実際に自社の定款を読むとなると少し心持ちが違う。

　ちょうど濱田が昨年度の有価証券報告書を読み終えたころ、取締役会について、仲真から説明があった。

「大学で勉強したことかもしれないけれど、一通り説明するね。まず、当社は、会社法上の公開会社であり、監査役会設置会社であること、社外取締役二名を含む取締役十名、社外監査役二名を含む監査役三名がいます。次に、会社法では重要な財産の処分および譲受け、多額の借財などについて取締役に委任することができないという定めがあるの。それで取締役会でそういうことを決議するのね。また、重要な事

項について取締役会で報告をする旨定めているの。当社では、どういう案件を取締役会に付議するか、また、報告するかは、取締役会規則の別紙に定めているから、取締役会規則を読むときには、その別紙も併せて確認しておいてね。

　それと、取締役会で誰が何を説明するのか、どういった資料を作成するか、法務部が取りまとめを行っているの。明日は、決算や株主総会招集について決議をするための5月の取締役会事務局の打合せがあるから、濱田君も出席してね」

「はい、わかりました。よろしくお願いします」

　濱田は元気よく返事した。

NOTE

Ⅰ　取締役会事務局の仕事と作法

　取締役会は、取締役会設置会社に設置される、取締役全員によって構成される機関です。法友電気のような公開会社の監査役会設置会社では、監査役に対して取締役会への出席義務が課されています。取締役会の職務は、①業務執行の決定、②取締役の職務の執行の監督、③代表取締役の選定および解職です。こうした取締役会の職務を行うため、会社では、法務部や経営企画部、総務部、管理本部といった部署が、取締役会の日程調整、開催通知、決議や報告に必要な資料の作成、経営会議での事前審議や付議事項の事前稟議などの取りまとめや、議事録の作成を含む事前・事後の社内手続を行います。昨今の社外取締役の選任や指名委員会等設置会社、監査等委員会設置会社の導入などの会社法改正やコーポレートガバナンス・コードの制定を受け、取締役会での審議を充実させるための工夫を行っています。

公開会社における取締役会その他の機関設計の概要

1．監査役会設置会社（法友電気の場合）

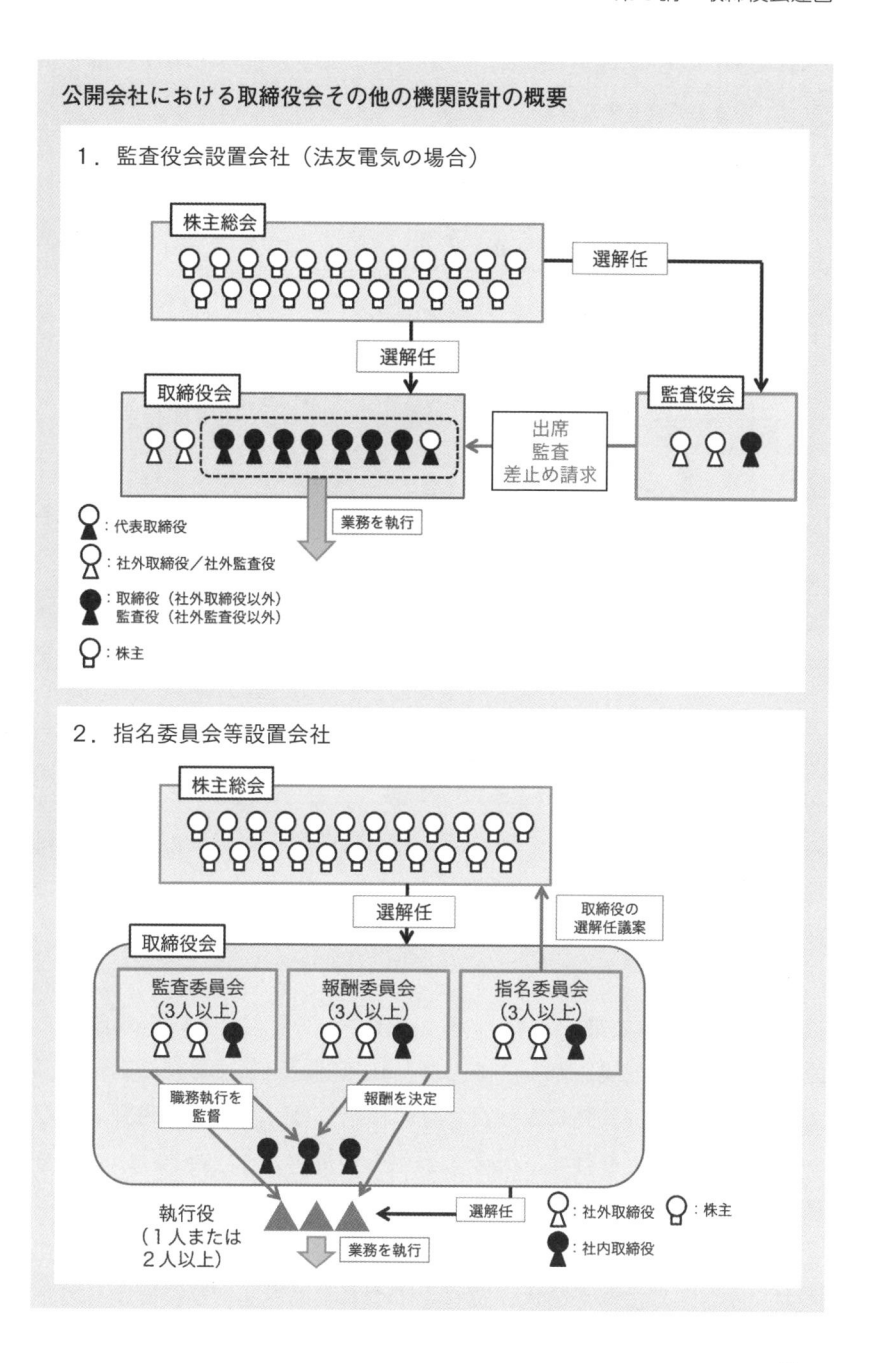

2．指名委員会等設置会社

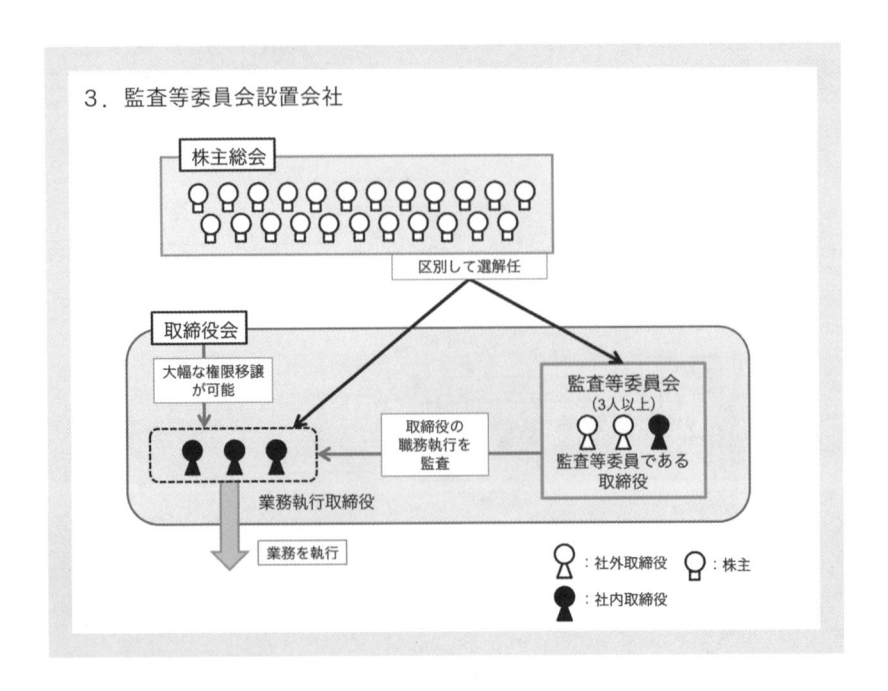

3．監査等委員会設置会社

濱田、大先輩に聞く

　濱田は佐々木に誘われて会社近くの小料理屋へ向かった。その小料理屋の個室では、執行役員専務の大久保が座っていたことに濱田はびっくりした。

　大久保から、

「濱田君、驚かせて悪かった。実は、今から30年前に私は経理部から総務部文書課に配属された。その後、10年間総務部文書課の勤務を経て工場の総務部へ異動になった。今の法務部は、総務部文書課が何度かあった組織変更を経て2005年に誕生した部署だよ。今日は、昔話を濱田君に聞いてもらうことになりそうだが、いいかね」

と言われると、濱田は硬くなって言葉を返した。

　「大久保さんは法務部の大先輩なんですね。お話をぜひ、聞かせて下

さい。よろしくお願いします」

　佐々木も大久保との思い出を語る。

「私が工場での実習を終えて総務部法務課に配属されたのは今から20年前でした。ちょうど、大久保さんとの引継ぎが法務での最初の仕事でしたね」

　すぐにビールが運ばれ、三人で乾杯した。

　ビールが日本酒に移り、濱田が食べたこともないような料理やお酒を頂く中で、濱田は、就業時間中に読んだ取締役会規則について質問をした。

「取締役会規則には、取締役会で審議する議題は取締役会開催7日前までに取締役、監査役に通知しなければならないと定めています。それなのに、なぜ、取締役会開催の3週間以上も前に社外取締役や社外監査役に取締役会の議案を説明しなければならないことになっているのですか」

　大久保は、一呼吸おいてから話し始めた。

「そういえば、私が総務部文書課に配属された際にも、取締役会の事務局担当だったなあ。当時は、取締役も監査役も社内の昇格者ばかりだったから、取締役会開催3日前になって緊急の決議事項をしなければならないことがあっても、取締役や監査役に電話をかけまくって開催日時と場所を決めて、何とか対応できた。今みたいに電子メールで一斉にお知らせなんて、考えられなかった時代の話だよ。

　その後、1993年の商法改正での社外監査役制度の導入、2001年の商法改正による社外取締役の導入、さらには2009年の東京証券取引所の有価証券上場規程改正を受けて、当社でも社外監査役、さらには社外取締役を選任したんだ。そうした中で、昔のような臨時取締役会の開催は難しくなった。経営会議で事前の審議を行い、その上で取締役会決議を行う現在の進め方が確立したというわけだ。

　確かに取締役会規則には、濱田君の言う通りのことが定めてある。

　ただ、その通りに進めて、普段は社内にはおられず、当社の社内事情にもさほど詳しくない社外取締役や社外監査役に、何の説明もなしにいきなり審議して頂くというのは、現実的には難しいなあ。濱田君、君の眼の前に『キンメの煮付け』という料理がある。私の生まれ育った地元・静岡県下田市でよく水揚げされる魚、『金目鯛の煮付け』だよ。私のように居酒屋や小料理屋へそれなりに通っている人だと『キンメの煮付け』で通るけど、そもそも魚の煮付けを食する機会の少ない若い人には、『金目鯛の煮付け』と説明しないとわかってもらえないんだなあ。取締役会での審議事項の中には『キンメの煮付け』のように、我々法友電気の社内でしか通用しない言葉や常識が往々にしてありがちなんだ。そこで、あらかじめ付議する議案の概要を社外取締役や社外監査役の方々にわかりやすい用語で説明し、ご理解を頂くことで、取締役会開催当日の審議を実のあるものにすることができるんだよ」

　濱田は、大久保の語るこれまでの取締役会の実務の移り変わりを前に圧倒されて、「なるほど、そうでしたか」とただうなずくしかなかった。

　翌日、濱田は8時過ぎに会社に出社し、佐々木と一緒に大久保のところに挨拶に行った。

「おはようございます。昨日はいろいろ教えて頂きありがとうございました。金目鯛の煮付け、とっても美味しかったです。今後ともよろしくお願いします」

　大久保からは「佐々木課長、濱田君、こちらこそありがとう。濱田君、期待しているからがんばってね。また、キンメの煮付け、じゃなかった、金目鯛の煮付けを食べに行こう」と温かい言葉が濱田にかけられた。

🦋 取締役会決議事項の準備

　5月度定時取締役会の事務局の打合せが午前9時から法務部内で行われた。佐々木から5月の取締役会の決議事項に対する法務部の準備体制について指示があった。仲真は、法友電気川崎工場があった土地を睦和不動産株式会社に売却する決議事項を担当することになった。

「ついに、この案件をここまで持ち込むことができた」

　取締役会決議事項の資料を確認する仲真の顔に安堵の笑みがこぼれる。

　法友電気川崎工場は、1920年に神奈川県川崎市で扇風機を製造する工場として操業を開始し、業務用や鉄道用の扇風機、さらには冷暖房エアコンの製造拠点として、活況に満ち溢れた時期もあった。ところが、事業環境の変化とともに川崎工場で製造していた製品を海外で生産するようになり、1995年には川崎工場を閉鎖するに至った。以後、製品の保守を担当する子会社のサービスステーション兼製品倉庫として活用されてきたが、周辺の環境変化を受け、売却する方向で進めることが適切であると経営会議で判断された。仲真は、その直後に行われた取締役会で工場跡地売却方針決定の報告資料作成を担当した。

その後、仲真は工場跡地売却チームのメンバーであった他部門の関係者とともに川崎工場跡地に実際に行き、工場跡地と隣接地の境界線の確認、工場跡地の所有権の確認を行った。工場跡地の隣接地との間の境界線があいまいな箇所が数ヵ所あり、かつ、隣接地の土地所有者とされる住人が相続による土地移転登記手続を終えていないものもあった。仲真は、工場跡地売却チームメンバーである総務部課長の松永と一緒にこうした確認を行うとともに松永の粘り強い交渉を後ろから力強く支えた。さらに、土地売買契約の作成や、睦和不動産株式会社との契約交渉も担当した。

　こうしたこともあって、仲真にとっては、工場跡地売却案件は思い入れのある案件であった。仲真は、総務部が取締役会決議事項向けに作成した資料について、最近の社外取締役や社外監査役の取締役会での発言の傾向に思いをめぐらせながら、過不足や漏れがないかを注意深く検討した。そして、思い出したように松永に電話をかけた。

1920年	川崎工場操業開始
1995年	川崎工場閉鎖
その後	子会社のサービスステーション兼製品倉庫として活用されるが、経営会議で売却する方向で進めることが適切であると判断
その直後	仲真が取締役会で報告資料作成を担当
	仲真が松永とともに現地調査

「松永さん、川崎工場跡地の土壌汚染の確認や除染の実施状況について、松永さんがまとめた資料を送って頂けませんか。取締役会決議事項の参考資料として添付します」

NOTE

Ⅱ　取締役会付議基準

　取締役会は、「重要な財産の処分および譲受け」、「多額の借財」、「支配人その他の重要な使用人の選任および解任」、「支店その他重要な組織の設置、変更および廃止」、その他一定の業務執行の決定を取締役に委任することができない旨会社法で定めています。ただ、「重要な」「多額の」について一部を除き会社法では詳細を定めていません。そこで、会社の規模、業種、沿革、想定されるリスクその他を踏まえて、取締役会に付議するための具体的な基準を会社自身が定めます。取締役会付議基準は、証券取引所の開示基準に抵触する事項であるか、会社の経営に重大な影響を与えるものか、などの観点を踏まえて定められています。取締役会付議基準は、会社によっては社内に公開する場合、内規として一部の社内関係者のみで扱う場合があります。仲真が扱った工場跡地売却案件は、「重要な財産の処分」に該当し、また、法友電気の業績に影響を及ぼす重要な案件として、取締役会に付議されました。

Ⅲ　取締役会への報告事項

　代表取締役、業務執行取締役は、3ヵ月に1回以上、自己の「職務の執行の状況」を取締役会に報告しなければなりません。ただ、「職務の執行の状況」の報告内容について、会社法では具体的な定めをしていませんが、業績状況、経営計画で定めた目標の達成状況、その他の経営目標、コンプライアンス体制、リスク管理体制、さらには取締役会で決議された事項の進捗状況などが考えられます。取締役会への報告内容は、適切な時期に、社内だけではなく外部にもわかりやすい報告が求められます。

POINT

1 取締役会と取締役会事務局

　公開会社の監査役会設置会社において、取締役会は、業務執行の決定、取締役の職務や執行の監督、代表取締役の選定や解職を行います。取締役会事務局は、日程調整、資料作成、事前・事後の社内手続を行います。昨今の会社法改正やコーポレートガバナンス・コードの制定を受け、社外取締役や社外監査役にもわかりやすい資料や、事前の説明が求められることがあります。

2 取締役会付議基準、取締役会報告事項

　会社の事業規模、業種、沿革、想定されるリスクその他を踏まえ、株式会社は自ら取締役会付議基準や取締役会報告事項を定めます。また、監査役会設置会社、指名委員会等設置会社、監査等委員会設置会社のどれに属するかによって取締役会への付議基準が変わることがあります。

企業法務に役立つ参考文献

①経営法友会会社法研究会編『取締役ガイドブック〔全訂第3版〕』（商事法務、2015年）

②澤口実『取締役会運営の実務』（商事法務、2009年）

③山田和彦＝倉橋雄作＝中島正裕『取締役会付議事項の実務』（商事法務、2014年）

④中村直人『取締役会報告事項の実務』（商事法務、2015年）

⑤別冊商事法務編集部編『別冊商事法務334号　会社法下における取締役会の運営実態』（商事法務、2009年）

法務の現場から　登　記

　登記は、取引関係に入ろうとする第三者に対して、権利、権利関係、権利主体の内容を広く社会に公開し、第三者に不測の事態を被らせないようにする制度です。

　登記には、不動産登記、商業登記、船舶登記、法人登記、成年後見登記、債権譲渡登記、動産譲渡登記があります。このうち、不動産登記、商業登記、法人登記、債権譲渡登記、動産譲渡登記は2015年12月現在、オンラインでの閲覧ができるようになりました。

　企業法務に密接に関係する法令の一つである商業登記規則等の一部を改正する省令が2015年2月27日に施行され、取締役、監査役、執行役の就任登記申請に際して、本人の就任承諾書に加え、住民票記載事項証明書（住民票の写し）、戸籍の附票、住基カードや運転免許証等のコピーといった本人確認書類の添付が求められるようになりました。

　本人確認書類の添付が不要であった時代に筆者が扱った事例として、ある社外取締役から、「名字が変わったが以前の名字を使いたい。役員変更登記をしなくて大丈夫か」という相談を受けたことがあります。この相談について調べたところ、会社が労働者派遣事業に関する行政官庁への各種申請を行う際に、役員の住民票の添付が求められることが判明し、登記と住民票の氏名を一致させるため、名字を変更する役員変更登記を申請しました。このケースでは、登記関連法令だけではなく、会社の事業に関連する法令や行政官庁の手続について確認をした上で役員変更登記を行って一安心したのを今でも覚えています。

　また、以前は、役員就任登記の際に本人確認書類の添付を求められなかったことから、実際の氏名ではない役員登記があったと

推察されます。確かに気に入った名字がさまざまな事情で変更になった場合、気に入った名字が印刷された名刺を配りたい、社外向けホームページに掲載してほしい、そもそも名字変更の事情を他人に詮索されたくないという気持ちも理解できなくはないでしょう。

　しかしながら、正確な登記事項の確認、周知という登記の本質から見ると、実際の氏名を登記しなければならないという規則は、やむをえないことではないでしょうか。

第4講 インサイダー取引

突然の来訪者──インサイダー取引疑惑

「こちら受付です。お約束ではないそうなのですが、証券取引等監視委員会の方が法務の責任者とお会いしたいということでお見えになっていますがどうされますか?」

午前9時、新緑の季節のさわやかな朝にもかかわらず、昨日の同期会で終電まで盛り上がったため、ほとんど頭が回っていない濱田が電話をとった。濱田は異動の挨拶にでも来たのかと思いながら、とりあえず佐々木に伝えた。佐々木はさっと電話を取り、一言二言話した後、すぐに上着を着て一階に下りて行った。佐々木にはピンときていた。

昨日は本社で四半期に一回開催される営業会議があったので、全国から営業担当者が集結した。そのタイミングを見計らって、濱田は同期会を企画していたのだ。濱田の作戦通り、地方に勤務している濱田の同期も多数参加してくれた。

「なぁ濱田、法務って一体どんな仕事をしているんだ?」

「そうだな、買収のこととか、株主総会のこととか、証券取引所とのやりとりとか、契約書の審査とか、いろいろだよ」

「お前、なんかすごいことやってんだな!」

濱田は営業で毎日現場を回っている同期に比べて、自分だけがスケールの大きい仕事をしているようで、なんだかいい気分だった。

「昨日もさ、テレビにもしょっちゅう出てくる弁護士のところに買収案件の資料を届けてくれなんて部長に言われて、えらい緊張して持っ

ていったよ」

　実際には弁護士事務所の受付に渡しただけなのに、濱田は鼻高々に話した。

「みんなには話せないようなこともいろいろあってさ。本当、大変なんだよ」

　法務という部署にいると、新人の濱田にもそれなりに会社の情報は伝わってくる。もちろん、濱田が知っていることなどほんの一部にすぎないが、買収計画、決算情報、場合によっては不祥事情報などの資料のコピーを頼まれることもあるし、耳に入ってくることもある。

仲真の奮闘

　そんな濱田の教育に日々悪戦苦闘している仲真は、昨年4月に発表した株式分割実施のリリースに関連して、佐々木からの特命を受けて、昨年12月からこっそり調査をしていた。東京証券取引所売買審査部から、4月のリリース公表までの経緯、関係者、会社の組織図、会社の情報管理規程等を報告書にまとめて提出するように依頼があったからだ。

　法友電気には取締役会の下に経営会議があり、社長のほか、副社長、専務、二人の常務で構成されていて、日々の意思決定はこの経営会議で行われる。インサイダー取引となるような情報は基本的には経営会議を通るはずなので、仲真はまずは経営会議事務局である経営企画部に連絡をして、この株式分割の決議がいつなされたのか、提案者は誰なのかを確認した。提案者は財務経理部長の渋谷とわかったので、まずは渋谷にコンタクトし、ヒアリングを行った。

　渋谷はまるで取調べを受けているようだった。株式分割の検討を始めたきっかけは何か、いつ、誰と、どのような話をしたのか、これに関連するメールは残っているか、あるのなら全部プリントアウトせよ、

個人のスケジュール帳を見せろ等、仲真の容赦ない追及にうんざりしながらも、事態の深刻さを察していた渋谷は従順に仲真の言う通りにした。そして仲真が作成した報告書は依頼からほぼ1ヵ月後の今年の1月末に東京証券取引所に提出された。

　この調査があった時点で、佐々木には当社の誰かにインサイダー取引の疑いがかけられていることは明らかだった。「ついに乗り込んできたか」佐々木はエレベーターの表示が下へと降りていくのを見ながら思った。

立入調査開始

　佐々木が受付に着くと、調査官二人が待っていた。佐々木は受付スペースの一番隅の部屋に案内した。席に着くや否や、調査官は身分を明かすと同時に「貴社の製造事業本部の巣鴨部長にインサイダー取引の疑惑がありますので立入調査をさせてもらいます」と申し出た。彼らには調査権限があることから、佐々木はうなずくことしかできな

かった。

佐々木がうなずいた瞬間、担当官は携帯電話を取り出して、「調査開始」と誰かに伝えた。どうやら、すでに製造事業本部がある四日市工場のゲートに別の調査官が待機していたようである。

　濱田は重要情報管理・開示業務も担当している。正確にいうと担当ではなく「見習い」であって、普段から経営企画部や広報部と連携して会社の重要情報の収集を行ったり、仲真の指示に基づき、TDnet登録など開示に関わる作業を手伝うのが主なものである。ただ、机の上には東京証券取引所の「会社情報適時開示ハンドブック」が置いてあり、他部署からの質問があった場合に、適時開示情報に当たるかどうか、仲真のアドバイスを受けながら判断をすることも濱田の仕事だ。しっかり勉強して、多くの経験を積んで、早く独り立ちすることを本人も会社も願っているところである。

　法友電気では、経営会議の議題は法務部にも事前に伝えられるようになっている。インサイダー取引のことだけでなく、法的リスクの視点から気になる議題があるときは事務局に陪席を要請したり、資料の閲覧を求めたりしている。

　今回の株式分割の話についても、事前に情報を入手した佐々木は周りに人がいないことを確認してこっそり仲真に指示していた。

「今度の経営会議で株式分割のことが審議されるようなので事務局と連絡をとってきちんと手続を取るようにお願いします。それと、いつも通り関係者への連絡も」

　仲真は経営会議事務局にさっそく連絡を取り、会議の場で株式の売買を禁止するよう事務局から指示してほしいと伝えた。また、株式分

割の実施は取締役会の審議事項であることから、最終決裁はあくまで
取締役会であるように経営会議メンバーに認識してもらうとともに、
議事録にもその旨を明記するように指示をしていた。

調査の顛末

　時計の針を現在に戻そう。調査官による巣鴨への調査は夕方5時ま
でみっちりと行われた。調査は合計2日間に及んだが、朝から晩まで、
巣鴨は会議室に缶詰にされて、自分のスケジュール帳、業務ノート、
出席した会議の議事録をすべて提出させられたばかりではなく、会社
の携帯電話の通話履歴もすべて確認されて、そこに記録が残っている
人へのヒアリングまで行われた。また、財務経理部長の渋谷も呼び出
され、株式分割の考えが出てきたところから意思決定がされるまでの
経緯や関係者をこと細かく聞かれた。そして2日目の夕方、法令違反
があれば本人に連絡するとして、調査終了と告げられた。

　仲真は濱田の口の軽さを警戒し、今回の立入調査が終わってから濱
田にこの話の顛末を話した。そして「今回はほんとにヒヤッとした。
調査の結果はどうだったのかわからないけど、そもそも疑いがかけら
れないように、社員の皆がインサイダー取引について正しい知識を
持って、意識を持ち続けてもらうようにしなければいけないわね。近
いうちに、インサイダー取引の社内セミナーをしましょう。あ、濱田
君の講師デビューにちょうどいいんじゃない。3ヵ月後を目途にして
企画してみて」と提案した。

　濱田は「はい！」と元気よく言ったものの、毎日の仕事をやっつけ
ることで精一杯なのに、また勉強しなければいけないことが一つ増え
た、とため息をついた……。

NOTE

I インサイダー取引とは

インサイダー取引とは、①会社関係者が、②重要事実の発生後、③公表前に、④特定有価証券等の売買を行うこと、を規制するものです。インサイダー取引を学ぶにあたっては、この四つの柱を頭に置いた上で、それぞれの解釈についての議論を知ることが重要でしょう。

II 適時開示情報と重要事実について

証券取引所の有価証券上場規程によって開示が求められる「適時開示情報」とインサイダー取引の対象となる「重要事実」（「インサイダー情報」と呼ばれることも多いかと思います）は別物です。たとえば、"代表者の変更"は「適時開示情報」ではありますが「重要事実」ではありません。すなわち、"代表者の変更"を決定した場合、適時開示をしなければなりませんが、それを公表前に知って株式等の売買を行ったとしても直ちにインサイダー取引には当たらないのです。情報ごとに、「適時開示情報」「重要事実」のいずれに該当するのかを表にまとめてみるのもよいのではないでしょうか。

III 適時開示情報として公表するタイミング

適時開示情報は大きく分けると「決定事実」と「発生事実」、そして「決算情報」に分類されます。このうち、決定事実についてはどの時点をもって決定したことになるのか、すなわちどの時点で適時開示義務が発生しているのかを特定するのが悩ましいところです。各社が出しているリリースは証券取引所のホームページから閲覧することができますが、これを見ていると、多くの場合は「本日開催の当社取締役会において、（中略）〇〇することが決議されましたので、お知らせします」といった記載になっています。すなわち、取締役会での決議時点が会社として意思決定されたとき、とみているようです。実際に開示が必要になるような重要なことは取締役会で最終決定

されることがほとんどだと思いますが、東京証券取引所が発行する「会社情報適時開示ガイドブック」には「実際に開示すべき時期については、取締役会決議などの形式的な側面にとらわれることなく、実態的に判断することが求められ、上場会社が自らの意思により決定する決定事実については、会社の業務執行を実質的に決定する機関による決議・決定が行われた時点での開示が必要となり、外部要因により生ずる発生事実については、その発生を認識した時点での開示が必要になります」と記載されていますので、注意が必要です。

Ⅳ　重要事実（インサイダー情報）として認識されるタイミング

　重要事実も「決定事実」「発生事実」「決算情報」に分類されますが、ここでは「決定事実」について、いったい何がどこで決定されると重要事実（インサイダー情報）になるのかを考えてみたいと思います。

　この議論をする際に必ず参照されるのが日本織物加工事件（最判平成11・6・10）です。この判決では株式の発行について「株式の発行それ自体や株式の発行に向けた作業等を会社の業務として行う旨を決定したこと」とし、そして「株式の発行の実現を意図して行ったことを要するが、当該株式の発行が確実に実行されるとの予測が成り立つことは要しない」と述べています。この実現可能性については村上ファンド事件（最決平成23・6・6）においても「実現可能性があることが具体的に認められることは要しない」とされており日本織物加工事件の判断に沿ったものとなっています。

　また、日本織物加工事件では、業務執行を決定する機関について、「商法（編注：現在の会社法）所定の決定権限のある機関には限られず、実質的に会社の意思決定と同視されるような意思決定を行うことのできる機関であれば足りる」とされており、何も会社法上の機関（取締役会等）で決定することだけが重要事実の決定のタイミングとするものではないと判断していることにも注意が必要です。

Ⅴ　社内の情報管理体制

　適時開示情報や重要事実（インサイダー情報）はいつどこで発生するかわかりませんので、これらを把握して管理することは大変な苦労がありますが、違反があった場合のリスクを考えるときちんとした対応体制を持っておく必要があります。大きく分けると、①適時開示情報や重要事実（インサイダー情報）が発生した際に、それを漏らすことなく拾い上げるための体制、②発生したインサイダー情報を適正に管理する仕組み、③それらを知った人たちを把握し、株式等の売買禁止を周知徹底する体制が必要です。これは、法務部だけで対応できる問題ではなく、広報、経理、財務、経営企画等の関連部署が連携し合って取り組まなければならない問題でしょう。また、いつまでも重要情報をインサイダー情報とせず、適時・適切な開示を行うことも重要です。

　そして、これらの体制や仕組みを担保し実行するために、コンプライアンスマニュアル・ガイドブック等でインサイダー取引を行ってはならないことが明示されているべきです。また、インサイダー取引防止のための社内規程も策定し、自社株式売買に関する事前届出、情報管理責任者の選任、文書化された情報の管理方法（施錠管理、アクセス権設定等）、これらに違反した場合には懲戒の対象となること等を規定すべきです。

Ⅵ　社内教育

　インサイダー取引は、全社員に関係することですが、やはり重要な情報に関与する職位にある人（役員、部長クラス等）、そういう仕事に従事する人（経理、財務、法務、経営企画等）に重点的に教育を行うのが効果的でしょう。たとえば、これらの人たちには集合研修を実施し、その他の全社員（派遣社員も含む）にはｅラーニングによる教育・啓発活動を行うといったやり方もあるかと思います。そして、誰が、いつ、どのような内容の教育を受けたかを正確に記録として残しておくことは、社内情報管理体制を徹底する視点でも大切なことです。

　なお、東京証券取引所はインサイダー取引教育のため講師を派遣してくれるので、それを利用することも有効です。特に上位役職者には、外部の講師

から説明してもらったほうが効果も高いかもしれません。

　また、周りの人を不幸な目に遭わせないために、余計な情報を他人に話さないことも重要です。濱田が同期会で「買収案件の書類を……」と話していましたが、同期はこれを聞いてこの会社に買収計画があることがわかってしまい、その結果、よからぬ動きにでるきっかけを作ってしまっている可能性もあります。また、居酒屋でこのような話をしていては、周囲のお客様にも聞こえるかもしれません。同期会に限らず、仕事帰りに楽しくお酒を飲むのもいいことですが、社章をつけていたり、会社の紙袋を持っていたり、また話の内容からだいたいどこの会社かは周りのお客様にもわかってしまうので、従業員一人ひとりが常日頃から十分に注意することが必要です。

Ⅶ　インサイダー取引をするとどうなるのか

　個人に対して懲役または罰金、行政上の処分がありますが、個人が行ったことでも、会社名がメディアに流れることは大いに考えられます。その結果、投資家や株主からの信頼が失墜し、投資対象から外れることによる株価の下落も考えられますし、また会社のレピュテーションが下がるというリスクもあるのではないでしょうか。

POINT

1 「適時開示情報」と「インサイダー情報」は違う

　適時開示情報と重要事実（インサイダー情報）は別物。何が適時開示情報で何が重要事実（インサイダー情報）に該当するのかを正確に理解することが大切です。株式等の売買制限は個人の資産の運用に制限を加えることなので、安全を見て何でもかんでもインサイダー情報とすることは避けなければなりません。

2 情報はどの時点で「インサイダー情報」になるかの理解を

　重要事実（インサイダー情報）の発生時点について、何がどこで決定されると対象となるのかをきちんと理解することが必要です。個人資産の運用がどの時点から制限されるのかという観点でも重要ですし、もちろん調査が入ったときにもここが重要なポイントとなります。発生事実と違い、決定事実や決算情報は会社の運用次第でこの時点が変わってしまいます。

3 全社員に繰り返して教育を

　インサイダー取引のリスクを社員一人ひとりがきちんと理解し、その防止の重要性を認識してもらうためにも、継続的な啓発活動が必要です。外部の講師をお願いすることも効果的です。

　企業法務に役立つ参考文献

　①木目田裕＝上島正道監修・西村あさひ法律事務所危機管理グループ編
　　『インサイダー取引規制の実務〔第2版〕』（商事法務、2014年）
　②戸嶋浩二＝久保田修平編著『事例でわかるインサイダー取引』（商事法務、2013年）

法務の現場から　**代表者の変更**

「代表者の変更」は重要な会社情報であるため、適時開示が義務付けられていますが、この開示の対象となる「代表者」とは社長に限らず、代表取締役全員が対象になることに注意が必要です。過去において、社長を含めた代表取締役三人が変更になった際に、社長についてのみリリースを出したところ、東京証券取引所の担当官から電話があり、他の二名分についてもリリースを出すよう指示され、大急ぎで二名分のリリースを作成した苦い経験があります。代表者変更のリリースには、対象者の経歴を記載する必要があり、対象者本人に最終確認を行う必要があるため、時間と戦いつつ、本人を巻き込んだ大変な作業となりました。

第5講　株主総会運営

役員との信頼関係

　桜が満開になったころ、佐々木と仲真は、6月に迫った定時株主総会について、法務担当役員の馬場常務とともに、10階の社長室で、秋葉原社長に説明を行っていた。秋葉原社長は、今年で株主総会の議長を務めるのは、三回目となり、昨年度の議長運営の様子ではかなり慣れてきていると佐々木は認識していたので、この事前の打合せについても軽くこなせると考えていた。

　「今期の株主総会は、例年通り、剰余金の処分と取締役の選任議案があります。監査役については、今期は任期満了に該当する方はいらっしゃいません。また、辞任のご意向の方についても伺っていませんので、補欠監査役の選任議案を含めると三つの会社提案の付議事項を予定しています」と佐々木はおもむろに切り出した。秋葉原社長は、資料を見ながら数回うなずいたあと、おもむろに仲真のほうを見て、

　「仲真君、今年の総会の重要なテーマは何かね。今期は業績予想も十分達成できそうだし、株価も比較的好調だ。世の中的にどういったテーマが想定される？」

　急に質問を振られた仲真は、一瞬言葉を詰まらせながらも、佐々木と馬場常務のほうをちらっと見ながら、

　「今年は、会社法改正やコーポレートガバナンス・コードの導入などがテーマとして挙げられております」と答えた。

　秋葉原社長は首をかしげながら、

「でも、総会に来る株主の方々はほとんどが個人投資家で、ガバナンスなんか関心がないのじゃないか？　それよりも毎年株主優待を増やせだの、お土産が他社と比べて貧弱だの、そういった質問ばかりじゃないかね」

　馬場常務も仲真のほうを見ながら、

「会社法改正なんて個人の株主は興味ないんじゃないか？　社長がおっしゃる通り、従来と同じで株価さえ上がっていれば総会は安心じゃないのかね」

と口をはさんだ。仲真は、「わかっていないなあ」と口に出すわけにもいかず、佐々木のほうを見た。すると佐々木が、

「社長、最近の個人株主は、いわゆる新聞に掲載されている話題には非常に敏感です。今年３月の他社の総会でも、ガバナンスの質問がたくさん出たそうですし、ROE（Return On Equity　自己資本利益率）などの質問も多数あがったと聞いています。当社の個人株主は長期保有の方が比較的多いですが、機関投資家の方々からの質問と同じような質問をされる方が増えています。コーポレート・ガバナンスに関して、

しっかりと社長からご回答を頂けるようになっておくことが重要かと思います」と秋葉原社長に説明した。

　この佐々木の発言に促されるかのように仲真も続けた。

「社長。昨年の総会でも事務局が用意した想定問答が役に立たないような、経営者の口からご自身の考え方を聞きたいといった質問が複数なされました。事務局としても従来通り想定問答は用意しておきますが、最近の傾向からすると社長ご自身のお考えを素直にご説明された方がいい場面も増えてくるかと思います」

「なるほどね。団塊の世代が引退して、従来よりも知識や企業経験のある方が総会に来ているとは聞いているが。さすが佐々木君と仲真君だな。馬場常務も佐々木君と仲真君からしっかりレクチャーを受けるようにして下さい。あと、新たに事業部長になった田端常務にも早目にレクチャーをして、佐々木君と仲真君のような優秀な事務局がいるから安心だと伝えておいて下さい。前に一緒にお昼を食べたとき、彼らしくなく非常に総会について心配していたので」

　佐々木と仲真は、あの豪傑で有名な田端常務が総会について心配していると聞いて、少し人間らしさが見えて安心する思いだった。一方で、その常務も不安に思うくらいなのだから、総会についてしっかりサポートしないといけないと再度認識を新たにした。

「では、こちらの資料をご一読頂いて、ご不明な点はまたご説明させて頂きます」

　佐々木がこう言って、三名は社長室を後にした。

「しかし、佐々木君と仲真君は社長から信頼されているな。田端常務を早く安心させてあげないとな」

　馬場常務は二人に話すと、次の打合せ場所に急いでいった。

NOTE

Ⅰ　役員との信頼関係の確保

　株主総会の運営を仕切る法務部門においては、一番重要なことは、総会において登壇する役員との信頼関係の構築です。総会の規模にもよりますが、大規模総会であれば、数千人の株主の前で会社の業績を説明し、1時間以上にも及ぶ質疑応答に対応することになります。そのような舞台に立つだけで通常の人であれば相当に緊張する部分を、法務部門は事務局として裏方で支えなくてはなりません。

　また、最近の個人株主を中心とした出席株主は、会社に対する関心も高く、また知識・経験も豊富で、機関投資家からの質問とはまた異なる観点での質問がなされます。招集通知の作成、想定問答の作成など、事前の準備をいくら行っても、当日想定外の質問や不測の事態が発生することがあります。適法・適切な総会運営を実施するためには、事務局メンバーの力量が問われます。

　想定外の事態においては、登壇役員と事務局に信頼関係が構築されていない場合、役員が不安になり、適切な判断を行えないこともありえます。法務部門としては、そのような事態を避けるためにも、役員、特に議長との信頼関係の構築には力を注ぐべきです。具体的には、議長の立場に立って、必要な情報を推測し、「法務・事務局視点」ではない角度からの情報提供やコミュニケーションができるような「経営者視点」が必要です。

　また、社会の動きや他社の動向も含め、逆に法務部門でしかわからないような情報を的確にインプットすることで信頼感を醸成することができます。その場合、法律用語を可能な限り用いず、経営者の視点で説明することができるようにすることが重要です。

　さらに、新たに登壇する役員にとっても、初めての総会は非常に不安を覚えるものです。たとえば昨年度の総会の記録映像を見せてレクチャーするなど、文字ではなく、ビジュアルで示すことでイメージをつかんでもらうこと

も有益でしょう。また、役員間で肩肘張らずに昨年の総会を振り返る打合せを行うことなども有効な手段です。そういったさまざまなプロセスの中で総会への理解を深めてもらいながら、事務局と役員の信頼関係を構築していくことが、総会成功のキーファクターであると考えられます。

新しい時代の株主総会

　濱田は少しわくわくしていた。というのも、法務部に配属されてからというもの契約書の審査や法令調査など書面を見ている仕事が多く、重要な仕事の一部に携わっている気にはなれているものの、外で具体的な売上げを挙げながら活躍している同期と比べて、自分の仕事が地味なように思えていたからだ。ところが、仲真から明日オーディションに一緒にスタジオに行かないかといわれ、耳を疑った。
「オーディション？　スタジオ？」
　次回の総会では、従来社員が行っていた司会を専門のアナウンサーに依頼することに変更することになり、また、従来社長が自ら読み上げていた事業報告も映像とナレーションに切り替えることになっていた。そのため、そのアナウンサーのオーディションに行くことになっていたのである。なんだか業界っぽい響きに濱田の心は少し躍っていたが、それを仲真に悟られまいと真面目な顔をしていた。
「ナレーターはやはり女性にすべきかなと思うんだけど、濱田君はどう思う？」
　スタジオに向かう途中の車の中で仲真が声をかけた。
「男性がやっている会社もあるんですか？」
　アナウンサーと聞いて女性のイメージしか浮かばなかった濱田は質問した。
「司会は女性で、事業報告のナレーションは男性という会社もあるわ

ね。ただ、当社のような消費財のメーカーであれば、女性の声のほうがいいと思うんだけど」

「たしかにそうですね。今日は何名くらい参加するんですか？」

「確か五名と聞いていたわ」

　その後スタジオで五名の司会者候補者が順次司会の原稿を読み上げたが、その中から一名を当社の総会担当として決定しなければならない。濱田は、二番目に出てきた女性が朝の番組の好みのアナウンサーと似ていたため、その女性にならないかと内心思っていた。結果は、三番目の落ち着いた感じの司会者だった。

「なぜ、あの方にしたんですか？」

「濱田君は二番目の司会者が好みだよね」ずばり当てられた濱田はかなり動揺したが、それを押し殺すように、仲真に尋ねた。

「理由はどんなところにあるんですか？」

「当社の総会では、約１千名以上の方が来場するのよ。そんな会場で言い間違えることなく司会をするというのはプロでも難易度が高いでしょ。二番目の人は確かに好感が持てる雰囲気だったけど、場慣れをしていない様子だったわ。その点三番目の司会者は大きなシンポジウムでの司会の経験もあるようだし、適任だと思ったの」

　濱田は、その理由には納得したものの、なぜ仲真が自分の好みを言い当てられるのかはわからないままだった。

　翌週、事業報告の映像ができあがったのでナレーション録りに立ち会うことになった。仲真に連れられて、濱田もスタジオの控え室に入った。

　ナレーターが事業報告を読み上げ出した。

「招集通知20ページに記載の通りです」

するとディレクターが急にナレーションを止めて、

「今のは間違い。にじゅっぺーじではなく、にじっぺーじと読まない

と」

　仲真も濱田も驚いた。

　引き続き録音が行われ、昨年好調だった新製品「アクアサン」についての説明をナレーターが読み出した。

「仲真さん、『アクアサン』の発音、あれでいいですか？」

　仲真は、「いいえ、サンのほうにアクセントをつけて下さい」といい、再度録り直しを行った。

　濱田は、浮かれた気持ちでいた自分が恥ずかしくなった。細部までこだわって仕事をするプロたちに感心し、さらに自社の商品の発音まで習熟している仲真を尊敬するのであった。

　内心を知ってか知らずか、仲真はさらっと、

「濱田君、この事業報告に使われているＣＭの著作権の処理、きちんとされているかどうかちゃんと確認しておいてね」と言った。

　我にかえった濱田は、急に自分が法務部員であることを再認識し、

「はい！　わかりました。広報部に再度確認を取ります」

　常になくキリッとそう言って、スタジオを後にした。

NOTE

Ⅱ　総会のビジュアル化対応

　従来は、法務部門の役職者など、社員が司会を勤めることが多くありました。しかし、特に大規模総会であれば、外部のアナウンサーなどに司会を依頼することも増えてきています。そういった場合、役員と司会者との信頼関係の醸成にも力を注ぐべきでしょう。総会前に役員と外部の司会者の顔合せを行ったり、リハーサルの段階から外部の司会者に入ってもらい、イメージをすり合わせることも方策の一つです。

　また、最近の総会では、ビジュアル化が進んでいます。特に大規模総会で

あれば、会場も広く、事業報告をスライドや映像を使って説明することも増えてきています。これには、議長や説明する役員の言い間違いや疲労を少なくする目的もありますし、株主に対してわかりやすく説明して会社への理解を深めてもらう意味合いもあります。これらのスライドや映像を総会後ホームページに掲載することも多くなっています。そのため、これらのビジュアルについても、法務部門がしっかり関与することが必要です。

　さらに、会社の商品名などの発音やアクセントなど会社に対する十分な理解がないとチェックできない法的側面以外の事項もあります。こういった仕事は外部の弁護士では行うことが決してできない、企業法務ならではの総会への関与の仕方だと思われます。グラフ等が入った事業報告の作成や総会会場で上映する映像、スライドなどの作成といった業務については、一般的にIR部門や広報部門が行う場合が多いと思われます。しかしながら、法務部門として、法的側面での審査を行うことで、株主へのわかりやすさと法的妥当性のバランスをとることが重要になってきます。法定書類である招集通知などの繰り返し実施する読合せなどによるチェックは当然ですが、最近では、これらの法定書類以外のビジュアルの作成への関与やチェックも法務部門の重要な業務になってきています。

想定問答

　総会を2ヵ月前に控えたある日、佐々木と仲真は、会議室の最前列に控えていた。今日は、株主総会プロジェクトのキックオフ会議である。広報部だけでなく、財務経理部、人事部、経営企画部、営業管理部に加えて、今年から海外事業本部にも参加してもらうことになっている。
「例年の通り、今期も皆様のご協力を得て、株主総会を実施いたしたいと思います。総会の日時・場所等の概要は、お手元の資料の通りです」

佐々木は、各部門の長や主担当者20名を前にして説明を始めた。

「本年度も想定問答の作成にご協力を頂きます。昨年度は従来なかった海外事業に関する質問が散見されたため、本年度より海外事業本部にも株主総会プロジェクトに参加して頂くことになりました」

　法友電気の株主総会は、個人投資家かつ長期保有者が出席者の中心であり、質疑応答の内容も、他社に売り負けている製品に関する質問や、株主優待の内容、コマーシャルのタレントについてなど国内の事業に関する質問が中心であった。ところが、昨年度は、招集通知や有価証券報告書を読み込んだ個人株主から、海外事業におけるコスト削減策の具体例について質問がなされた。想定問答を用意しておらず、事務局に控えていた品川部長が社長にメモを入れて事なきを得ていた。総会後社長から次年度より海外事業本部も想定問答作成に参画させるように指示があったのである。

「質問も事業部門で作成するとなると、どこまでの範囲まで作ったらいいのかわかりません。ある程度ガイドラインを示してもらわないと……」

　本年度より参画する海外事業本部の担当者から質問が出された。法友電気では、決算関連の質問以外の想定問答は、質問も含め原案を各部門に作成してもらい、それを法務部で集約し、インサイダー情報がないか法的チェックを行うとともに、他部門作成の想定問答とのダブりや齟齬などの確認を行っている。そのため、総会の2ヵ月前に毎年こうして各部に集まってもらい、主旨説明や直近の総会動向を共有化しながら、想定問答の作成を依頼している。

「まず、総会の質疑について基本的なことを申し上げます。要は招集通知の範囲についてのみ回答すれば、法的には問題ないということを前提として下さい。また、事前質問がなされていない限り、当日調査をしないと回答できないような事項については、回答する必要はありません」

仲真が株主総会における説明義務について説明を行った。

「とは言うものの、円滑な総会運営を考えると、役員が回答に窮するという事態は避けるべきです。皆さんも一般の株主になった気持ちでどのような質問をしようかと考えてみて下さい。また、先月行われた他社の総会においてなされた質疑について、別途まとめたものがございます。会議後メールで皆さんに送付しますのでそちらもご確認下さい」

仲真が続けた。

「最終的には回答される担当役員の方に確認を取って頂けるようにお願いします。実際には壇上で回答される役員の方々のほうが、どのような質問がなされるかシミュレーションされていることも多いので」

最後に佐々木から、想定問答作成上の留意点について説明した。

「なお、例年通りですが、回答は箇条書きでお願いします。頂戴した回答は想定問答システムに取り込んで役員席の画面に映し出しますが、長文になると役員の回答も棒読みになってしまいます。社長からもご指摘を頂いておりますが、回答に必要なエッセンスや数字などを箇条書きにして頂けるようにお願いします。また、なるべく簡潔に記載下さい。では、今期もご協力のほどよろしくお願いします」

佐々木は会議の終了を告げた。

＜想定問答の例＞

Ｑ：20○○年度の営業利益が減益となった理由は？

Ａ：家庭用市場における競合激化による販売促進費の増加

Ｑ：女性活用の方針は？

Ａ：ダイバーシティ経営を掲げ、管理職比率の向上に努める

「大体何問くらい想定問答を作成しているんですか？」

会議終了後、濱田は仲真に尋ねた。

「毎年毎年、老舗の『うなぎ屋のたれ』のように積み重なっているか

ら、2,000問は超えているわね。とはいっても、当日想定問答にある質問が出る確率は六割といったところかしら」

佐々木は昨年の総会を思い出しながら濱田に説明する。

「ただ、毎年株主からの質問の質が向上していることも確かだよ。コーポレートガバナンス・コードなどの記事が新聞に掲載されているし、ROEなどといった従来からは想定もできない質問も多くなってきている。要は機関投資家からの質問との差が毎年なくなってきているんだよ。ただし、そういった質問は、決算説明会用の質疑応答集にもあるので、回答もしやすいので対策は容易だ。あと多いのが複数の株主総会に出席されている株主が直前の他社の総会で出た質問を当社でも質問することかな」

佐々木は続けた。

「ただ、結局は想定問答集も役員をサポートするためのツールにすぎない。最後は議長である社長をはじめ役員が自信を持って回答できるかどうかにかかっている。そのためにも事務局に各部の部長に入ってもらい、いざというときにはバックアップしていますよと示すことも重要なんだよ」

「佐々木課長、でも去年はリハーサルで想定問答システムがストップしたのでひやひやしましたね」と仲真。

「そうだね。リハーサルだったからよかったけど、当日ストップしたらと思うとぞっとするね」

佐々木は顔をしかめながら、濱田に補足した。

「もちろんすべてバックアップ用にプリントアウトもしているし、紙での対応のリハーサルもするので、万全は期しているんだけどね」

招集通知

　法友電気では、本年度から招集通知のビジュアル化に踏み切った。昨年度までは、白黒のいわゆる一般的な招集通知であったが、総会の場で株主から意見が出されたこと、同業他社も昨年度から一斉にビジュアル化を行っており、広報部の目黒部長とも調整したところ、本年度からビジュアル化することになったのである。

「ビジュアル化するにあたって、表紙裏には、やはり社長からの株主へのメッセージを記載したい。また、当社のCSR活動についてのページも設けてもらいたい」

　広報部の目黒部長からの依頼で、表紙の裏に株主向けの社長メッセージを掲載することになり、その原稿と社長の写真が広報部から法務部に提供された。

「この社長メッセージの原稿ですが、用語が事業報告と齟齬がありますね。一度読合せをしないといけないですね」仲真が佐々木に話しかけた。

「そうだな。漢字などの表記ぶれも気になるな。まず仲真さんと濱田君とで一度読合せをしてもらえないか」

　仲真と濱田は会議室にこもって二人で何度もメッセージ原稿を読み合わせた。

「うわぁ。何度読んでも表記ぶれが見つかりますね」

「そうなのよ。しかも、毎年私たちのところで完璧だと思っても、佐々木課長の段階になると、また数ヵ所発見されるのよ」

「そうなんですかぁ？」

「人間の目や先入観って不思議なもので、何度も同じ文章を見ているとそれで正しいと思い込んでしまうのね。とにかく複数の目、新鮮な目で何度も読み直すことしかないのよ」

「佐々木課長が確認した後はどうするんですか？」

「これは内容としてはすでに正式に承認されている文章だから、部長や役員の確認は最終段階で頂くことになるわ。この後印刷会社の校正部隊や証券代行会社の担当者が再度チェックしてくれるのよ。実際にそこでも数ヵ所毎年誤字などの指摘を受けるわね」

「なるほど……」

濱田はもう絶句するしかない。

「本当に誤りがあれば、WEB修正といって、ホームページに修正箇所を掲載することができるようになっているし、当社もその旨定めているけど、最近このWEB修正をする会社が増えてきているわね。修正できるという気持ちがチェックを甘くさせるのかもしれないわね。当社でもしWEB修正となったら、経営企画部の上野部長あたりが激怒しそうだけどね」

そうならないように祈りながら、濱田は再度社長メッセージをぶつぶつ声に出して、一人で読み直した。

NOTE

Ⅲ 想定問答の作成とは？

定時株主総会では、事前の準備と当日の対応に大きく業務が分かれます。招集通知の作成や、議長のシナリオ、当日映写する映像やスライドなどは、事前に徹底的に準備することで対応が可能です。総会当日に議長が主となって対応することは、動議等の対応をはじめとする議事進行と、質問に対する答弁対応です。つまり、当日に議長以外の役員がメインで対応する点は質疑応答ということになります。総会において会社が回答義務を負うのは、法的に議案に関する質問に限られますので、招集通知記載事項に限られるということになります。しかしながら、実際には商品に関する事項やコマーシャルに使っているタレントの是非などさまざまな事項について質問がなされます

が、円滑な議事進行のために、回答できる範囲で回答するのが実務となっています。

　総会当日、役員は通常とは異なる緊張感の中で壇上に立っています。株主からの質問に対し、適切かつインサイダー情報等を与えることなく回答するために、一般的に想定される質問とそれに対する回答を作成することが多く、これを想定問答といいます。

　会社によっては、想定問答を紙で事前に役員に配付したり、当日事務局から紙を差し入れるといった対応をすることも多いですが、最近では検索を容易にするために想定問答システムなどを使用して、回答を壇上のモニターに映し出すなどの対応を行う会社もあります。

　想定問答の作成は、会社の1年間の課題・問題点を洗い出すという副次的効果もあり、関連部署と連携して対応すべき非常に重要な業務となっています。

Ⅳ　招集通知の作成とは？

　株主総会の招集通知は、株主総会の運営において、法的要素が一番強い業務の一つといえます。記載すべき事項は、法定化されており、これらを正確かつ適切に作成することが求められます。さらに最近では、これらの法的必要的記載事項に加えて、役員の写真を掲載したり、事業報告の売上等の数値についてグラフ化をしたり、経営陣からのメッセージや、参考資料としてCSR関連の情報を記載したりなど、各社の工夫を見られるようになっています。法的記載事項でなくても、書類全体としては法的書類ですので、誤字・脱字や表現のぶれなど細心の注意を払って作成する必要があります。

　また、これらのビジュアル化やカラー化に加えて、招集通知の早期発送の要請があることから、印刷工程が前倒しになりつつあり、作成スケジュールもタイトになる傾向にあります。

POINT

1 事務局業務の肝とは

総会運営は、社長をはじめとする経営陣との信頼関係が何より重要です。法律上の対応はもとより、役員が適切に質疑応答等に対応できるように事務局としての最大限のバックアップ体制が必要となります。経営企画・財務経理・広報等の他部署との連携も重要です。

2 法務以外の視点も大切

総会も時代に応じて変化していきます。当日の映像、招集通知等のビジュアル化など法定事項以外にも法務担当者が関与する分野は広がっています。また、株主にわかりやすくといった法務以外の視点も重要です。

3 地味な作業も厭わずに

従来どおりの基本の徹底も重要です。誤字・脱字のチェックなど地味な作業を続けていくことで、適法・適切な総会運営が可能になることを忘れずに。

企業法務に役立つ参考文献

①田路至弘編著 岩田合同法律事務所山根室著『株主総会物語』(商事法務、2012年)

②中村直人著『役員のための株主総会運営法〔第2版〕』(商事法務、2016年)

法務の現場から　情報収集

　企業法務に従事する人にとっての大切なスキルの一つとして、情報収集力が挙げられます。法律の内容・解釈、判例、新法や法改正の動向、法務に関連するニュース、また会社のこと、他の部署の仕事も知っておく必要がありますし、さらには法務部門のメンバーが過去にどのようなアドバイスをしたかについても知っておかなければなりません。

　情報を入手する手段もいろいろとあります。最近ではインターネットで検索すれば短時間で多くの情報を得ることができます。そこには、弁護士が書いているものもあれば、大学等で研究をしている人のものもあります。さらには、一般の閲覧者が疑問に思ったことを書き込んで、それに誰か（通常はその属性はわからない）が答えるといったページにも自分の疑問がそのまま書かれていて、瞬時に解決することもあります。これらは、図式化されていたり、イラストが使われていたりと、わかりやすく説明がなされており、スピードが求められる企業法務の人たちにとってはとても使い勝手のよいものといえます。

　しかし、インターネットから得られる情報を過信することは禁物です。改正前の法令に基づいて説明されている内容がそのまま残っていることもありますし、さまざまな解釈がある論点について筆者が自分の意見を書いているだけのこともあります。もちろん、法律の素人が無責任に書き込んでいるものも多数見受けられます。

　そこで、企業法務の仕事をするにあたっては、まずは法律にどのように書かれているかを確認するところから始めて、その解釈は専門書で調べるように心がけることが重要です。市販されてい

る法律書には、法務担当者以外の社会人が短時間で学ぶことを目的としたもの（「図解○○法」といったもの等）もありますが、それだけでは表面的な答えしか得られず、深い理解にはつながりませんし、応用は望めませんので、法務担当者としてはより詳しい書籍にあたる必要があります。また、多少費用はかかりますが、各種セミナーに参加して体系的に学ぶことも効果があります。ただこの場合も、聞いて終わりではなく、事後に条文に当たり、専門書で理解を深め、そして自社の事業にどう関わるのかを自分で考えてみることが大切です。

　また、企業法務の仕事は、法律相談に応じるといった受け身の業務だけではなく、新法や改正法を常にウォッチし、他社の動向等も見ながら、法の自社事業への活用を会社に提案することも大切な役割です。こういった生きた法律の情報については、企業法務向けの定期購読誌を活用することが有効です。そこでは、法改正を受けて企業が取り組まなければならないことが解説されていたり、また企業法務の実務視点からの問題提起や提言なども掲載されており、企業法務を活性化させる情報を効果的に知ることができます。さらには、新聞を読んでいても、テレビを見ていても、法務の仕事に関係してくることはいっぱいあります。仕事のことを24時間考えている必要はありませんが、頭のどこかにアンテナを張っておくことができれば、仕事ももっと楽しくなるのではないでしょうか。

　こうやって得た法律の知識も、会社のことや他部署の仕事について十分な理解をしていないと、結果的に誤った方向に導いてしまうことになり、せっかくの努力も台無しです。ただ、これらを体系的に知る機会もなかなかないのが現実と思いますので、日々の仕事を通じて相談者におまけの質問をしてみたり、現場に足を

運んだりして、自ら積極的に情報を取りに行く姿勢が大切です。これは何も職場だけではなく、相談者と仲良くなれば就業時間後に食事をしながらでもできます。そのほうがより生きた情報をもらえることが多いかもしれません。法務部門の過去の対応結果は、キーワード検索ができるようなデータベース化されていると情報収集が効率的にできますが、ただその場合であっても対応の前提が完全に同じということはほぼないでしょうから、類似案件だからといって安易に同じ結論を出すことは危険です。そして、データベースがあってもなくても、実際に対応した人からニュアンス等を聞くことは有意義ですので、そういった人づてでも情報を得ることも大切にして下さい。

　情報収集の手段とその活用方法について述べましたが、他にもいろいろな手段があると思います。大切なのは、情報収集手段をうまく組み合わせて、正確な情報を効率的に収集する自分なりのスタイルを見つけることだと思います。そして、そうやって収集した情報を自分の中で他の必要な情報や知識と統合して、いかに有効に活用するか、それを必要な人にいかに伝えるかも大切なスキルといえます。

第6講　知的財産権

秘密保持契約

　法務部へ配属されて3ヵ月、濱田は秘密保持契約の担当を任されている。この日は、企画開発本部の青山が打合せに来ることになっていた。企画開発本部ではGOODシステム株式会社との共同開発を検討中で、共同開発契約の検討に入る前にまずは秘密保持契約を結びましょうということになり、GOODシステムから秘密保持契約書を提示されたとのこと。共同開発絡みということで、知的財産部にも相談したが、契約は法務部に相談するように言われて、濱田のところに審査依頼が来たのである。

　打合せの際に共同開発契約の話も相談したいとのことだったので、濱田は仲真にも同席を頼んでいた。打合せ前に仲真に相談案件の秘密保持契約書の説明をしながら、濱田は少し悩んでいた点を聞いてみることにした。「青山さんからお送り頂いた秘密保持契約書、細部の訂正を除き特に問題はないと思います。ただ一点、発明に関する条項があって、これは当社のひな形には含まれていない内容なんです……。仲真さん、これは受け入れてもいいんでしょうか」

> 第5条　相手方の秘密情報に基づき発明等を行った場合は、直ちに相手方に通知し、その権利の取扱いについて協議する。

　仲真は心の中で、ひな形との比較だけではなくもう少し自分自身で考えてみてほしいのだけど、と思ったが、ここを読み飛ばさずに気付

いたセンスは評価することにした。

「そうね、これはちょっと慎重に考えたほうがいいかもしれないわね。共同開発の話がすでに確定しているのか、まだ単独開発の道が残っているのかによっても状況が違うでしょうから、青山さんに聞いてから判断しましょう」

　青山によると、これから両社で共同開発の実現可能性を検討する段階で、その結果を評価してから共同開発へ進むかどうかを正式に決定するとのことである。

「ということは、現時点ではまだ自社開発となる可能性も残っているということですね。そうであればこの条項は修正したほうがいいです」

　そう仲真は提案した。

「たとえば、当社が相手方の秘密情報にヒントを得て新たな発明をした場合、この条項によれば、それを直ちに相手方に知らせなければなりません。新たな発明は当社の技術やノウハウにも基づくものですから、その発明も本来は当社の秘密情報ですよね。今の条項だと、発明が出たら通知をしなければならないので、内容も共有しなければならない可能性があります」

　仲真の説明に、青山もうなずいた。「そうか、当社の秘密情報をGOODシステムさんに開示しなければならないのは困りますね。共同開発に入るかどうかはまだ確定していないので、今は約束したくないですね」

「じゃあ、この条項は削除ですね」と早速×印を書き込もうとする濱田の横で、「でも全部削除しなくてもいい方法もあると思いますよ」と仲真が言った。

「先方の意図は、うちが先方の秘密情報を使った発明をした場合に、無断で特許出願しないでほしい、ということだと思うんです。それなら、先方の意図とこちらの懸念をうまく解決する落としどころを見つ

けられる気がします。たとえば、こんなふうにしてみてはどうでしょう」そう言って仲真は自分のノートパソコンを使って直し始めた。

> 第5条　相手方の秘密情報に基づき発明等を行った場合は、~~い、~~ これを出願しようとする場合には、直ちに相手方に通知し、 その権利の取扱いについて協議する。

「いかがですか？　これであれば当社は受け入れ可能ですね。出願すれば第三者に開示することになりますから、もしそこに先方の秘密情報が含まれるとすれば、先方の承諾を得るのは当然ですし」

「削除しないで追記するほうが先方も受け入れやすいと思うので、助かりますよ」青山もほっとした顔を見せた。

さっそく修正案を作って青山さんにお送りします、と答えながら、濱田は仲真の洞察力の深さと細かな配慮に改めて尊敬の念を抱くのだった。法務ってここまで事業部の人の目線でリスクを想定したり、気を配ったりするんだ。それにしても仲真さんって綺麗なだけじゃなくて、やっぱりすごい人だな……。

🔰 共同開発契約

話は共同開発契約に移った。共同開発契約のひな形をもらえないかとの青山の依頼に対し、「共同開発契約については重要な部分は個別案件に合わせてドラフトすることが必要なんです。なので、まずは何を共同開発して、その成果をどのように利用するご予定なのか、教えて頂けますか」と仲真が尋ねた。

青山の説明によれば、当社の販売する環境監視システムをGOODシステム社の警備システムと組み合わせ、新しい環境監視型セキュリティシステムを開発することを考えているという。両社の製品を組み合わせて新しいシステムを作るに際し、当社のソフトウェアに新機能

を加える予定だが、この新機能開発が今回の共同開発の目的で、共同開発の成果の知的財産権は共有にすることを予定している。

「共同開発におけるGOODシステムさんの役割は何ですか？」

「新機能開発のため、GOODシステムさんのノウハウなどの秘密情報を開示してもらい、当社製品との実地結合テストの評価データもフィードバックしてもらいます。新機能の具体的な開発作業自体はうちのエンジニアが行います」

　ほとんど当社で開発するのに、共同開発で知的財産権も共有にしちゃっていいのかなと疑問に思いながらも、濱田が横に座っている仲真を見ると、なるほど、と納得の様子でうなずいている。

「当社製品の拡販のため、GOODシステムさんのノウハウを利用させてもらって、新しい機能を開発する戦略ですね」

「そうなんですよ。自社だけで新機能を開発するには限界があるので、GOODシステムさんからもらえるデータは非常に貴重なんです。新機能自体は、当社のシステムと組み合わせて使うことが前提なので、権利をGOODシステムさんとの共有にしても不利益はないだろうと思っています」

　青山によれば、共同開発の成果として想定されるのは、主にソフトウェアや周辺ノウハウで、特許となるようなものが出てくるかどうかはわからない、とのことである。仲真が質問を続ける。

「開発した新機能の製造・販売は、実際には子会社で行うことになりますよね？　共有の場合、自社で製造・販売するのは自由ですが、子会社含め第三者に製造・販売させるには相手方の同意を必要とするのが原則なので、もし子会社で製造・販売する予定ならばあらかじめ共同開発契約に書いておいたほうがいいですね」

　青山はうなずきながらメモしている。仲真は、横の濱田が話についてきているか様子を確認してから、質問を続けた。

「それから、新機能の権利は共有にしてもよいとのことですが、たと

えば今後GOODシステムさんが当社のライバル会社と協業する際に、今回開発する新機能を利用しようと思うかもしれませんが、それは問題ないでしょうか？　一方で、当社はGOODシステムさんのライバル会社にも新機能を販売していく意向かと思いますが……」

　仲真と青山のやり取りは、ライバル会社に販売する場合の実施料やライセンス料の支払いの有無、特許出願した場合の維持費用の分担、途中で契約解除する場合の対応にまで及んだ。

　仲真から打合せ前に、「共同開発契約を作ることになったら濱田君にドラフトしてもらうからよろしくね」と言われていた濱田は、聞き漏らすまいと必死にノートを取っていた。途中、勉強していない特許法や著作権法の話が出てきて、「仲真さんから振られたらやばいな……」と緊張したが、幸い今回は仲真が一通り説明してくれた。仲真によると、大きい知的財産部を持つ会社では、部内に法務担当者を置いているところもあるそうだ。当社の知的財産部は技術者が中心で、特許や商標の権利化や侵害問題を担当しているため、契約は法務部で担当し、適宜連携しながら対応している。

　ようやく打合せが終わって自席で一息ついた濱田に、仲真が微笑みながら声をかけた。

「お疲れさま。次回からは法律については濱田君から説明してもらうから、まずは特許法と著作権法を勉強しておいてね」

NOTE

Ⅰ　秘密保持契約における知的財産権の取扱い

　秘密保持契約の主な目的は、業務上または技術上のノウハウや顧客情報といった営業秘密や、その他の秘密情報の漏えいおよび目的外使用を禁止することにあります。しかし、ときに相手方の秘密情報をヒントに新たな発明を

した場合の通知義務や権利の帰属の取扱いについても規定されることもあります。

　秘密保持契約は万能ではなく、情報は一度流出してしまえば簡単に利用され、特許のように登録され権利化されたもの以外は不正利用の立証は難しいという現実があります。そのため、秘密保持契約を締結していたとしても、自社の秘密情報の開示には慎重になるべきです。相手方の秘密情報にヒントを得たとはいえ、新たな発明には発明者のノウハウや知恵も入っており、その内容の通知を義務付けられることは、すなわち発明者側の新たなノウハウや知恵を相手方に開示する義務を負うことになります。

　新たな発明の権利帰属に関しては、たとえ契約上これを都度協議する事項としたとしても、相手方の秘密情報をヒントにした発明であれば、相手方は当然に権利の持分を要求してくると思われますので、注意が必要です。もし共同開発を始めようというのであれば、早期に共同開発契約を結び、共同開発の役割分担から成果物の権利の帰属、利益の配分および費用の分担まで、総合的に合意をしておくのが望ましく、秘密保持契約の段階で中途半端に新たな発明の取扱いを規定するのは避けたほうがよいかもしれません。

Ⅱ　共同開発契約における知的財産権の取扱い

　特許発明や著作物は、法律上、発明者やその所属企業に原始的に帰属しますが、共同開発契約では、共同開発の過程で新たに生まれた発明等の権利の帰属をはじめ、権利維持費用の分担、実施権や利用権の有無、実施や利用による利益の配分、第三者への許諾に関することに至るまで、その取扱いをあらかじめ当事者間で総合的に取り決めます。特許や著作物などの知的財産は動産や不動産と異なり、権利者から実施権や複製権などの許諾を受けることで、複数の当事者が同時に知的財産を利用し、利益を享受することができます。権利者となれなくても、実質的に同様の効果を得ることは可能ですし、契約を工夫して当事者間の権利の調整が図られます。

　そこで、共同開発契約を検討するにあたっては、当社および相手方が具体的に何をしたいのか、その優先順位も含めてビジネス担当者にヒアリングし、その内容をいかに法的に構成して契約に落とし込んでいくか、それが法務担

当者の役割といえます。権利は共有しつつ実施の範囲を限定したり、実施料の支払いで調整するなど、さまざまな手法が考えられます。

　また、事前検討のための秘密保持契約の段階とは異なり、共同開発を開始した後、その過程で相手方の秘密情報に基づき発明等をした場合に、これを直ちに開示し合い権利の取扱いについて相互に確認することを義務付けたとしても、共同開発という環境下では合理性があると思われます。

　なお、コンペチタ（競合会社）との共同開発契約では、競争制限行為とみなされないよう独占禁止法などの競争法に留意することも必要となります。

🏆 開発したソフトウェアの権利

　新しく導入された業務ソフトの使い方に四苦八苦していた大崎部長を平成生まれの濱田が助けて以来、法務部の「IT担当」に任命された濱田のところには、佐々木から容赦なくソフトウェア関連契約の審査が割り当てられてくる。パソコンが得意でも契約チェックができるわけじゃないんだけどな、と思いながら、濱田は、企業の設備管理システムの開発を行う子会社から審査依頼を受けた「ソフトウェア開発受託契約」を前に悪戦苦闘していた。当社の開発受託契約書のひな形（開発したソフトウェアの著作権は当社が留保する前提）は使えず、顧客の契約フォームを使わなくてはならないのだが、顧客案には、開発したソフトウェアの著作権の譲渡とソースコードの開示義務が入っている。営業担当によると、開発代金の支払いと顧客の秘密情報の使用を理由に、顧客から著作権を渡すように言われているらしい。うーん、やっぱり仲真さんに相談だ。

「確かに顧客の秘密情報である要求仕様に基づいて当社子会社でソフトウェア開発してるんですが、顧客の要求仕様に基づいていることを理由に本当に著作権を譲渡しちゃっていいのか、疑問なんです」

「さすがIT担当濱田君、その感覚、大事だと思うわよ。まず、著作権

譲渡とソースコード開示が当社にとってどういう影響があるか、考えてみて」

「プログラムの著作権を譲渡すると、複製はできなくなるわけですから、部品として使われている当社製のソフトウェアモジュールも含めて今後は他の案件では使えなくなりますよね……。ソースコードは当社のソフトウェア開発ノウハウが詰まっていますから、それを開示しちゃったら、うちが蓄積してきたノウハウも見られちゃいますね」

「そうよね。それに、ソースコードを開示して権利も譲渡したら、顧客は自由に修正できるわけだから、本来当社で請け負えたはずの、製品の保守とか拡張といったビジネスチャンスを逃してしまうかもしれないわよね。それと、開発代金を払っているからって言われてるけど、今回頂く代金の額は、開発のベースとなっている我々のノウハウの正当な対価なのかしら?」

「……いや、きっとそこまでもらってないと思います」

「じゃあ、お客様は著作権を譲り受けて何がしたいのかしら?　複製して転売するつもりなのかな?」

「いや、お客様の社内利用だと聞いてるんで、それはないと思いますけど……」

　考え込んでしまった濱田を見て、仲真が助け船を出した。

「もしかすると顧客は、当社が著作権を持つことで、顧客の秘密情報が入ったプログラムを他社に使われるのを心配しているのではないかしら?　でもそれって、著作権を譲り受けなくても秘密保持義務があるから顧客の情報はすでに守られているはずよね。それに、社内ユースなのであれば、仮にソースコードを手に入れたとしても、顧客が自力で修正するより当社に任せたほうが顧客にとってもよほど経済的なはずよ。それから、顧客がソースコードを入手しようとする目的は、万一法友電気が事業を撤退したり倒産したりして保守や修正を当社に委託できないような緊急時に備えて、ということじゃないのかしら。

そう考えてみると、少し工夫すればお互いの目的を達成できる契約内容が作れそうじゃない？　たとえば、著作権は創作した当事者に帰属させるけれども、相手方の秘密情報には及ばないことを確認的に明記したり、ソースコードを開示する条件をできるだけ限定したり……。ちょっと考えてみてくれる？」

　仲真の説明をまだ完全には呑み込めていなかったが、ヒントをもらって一筋の光が見えてきた気がした濱田は、少し整理してみます、と自分の席に戻った。そんな濱田の横顔を見て、お、少しいい顔になってきたじゃないか、と佐々木は微笑んだ。

NOTE

Ⅲ　ソフトウェア開発契約における著作権の取り合い

　ソフトウェア開発契約では、開発を委託する側は、独自の要求仕様を提供し、対価を払って開発されたソフトウェアの著作権は、自分に帰属すべきと考えますが、受託者側はビジネス戦略上著作権を譲渡したくないと考えます。いずれにも理がありますが、同じ条件を主張するだけでは合意に至ることが困難になります。お互いの落としどころを探すには、それぞれの立場に立って、なぜ著作権が必要なのか、著作権を渡すと何が困るのか、その目的を突き詰め、その目的を達成するために代替手段はないのか、と考えていくことが必要になります。それらの答は必ずしも教科書には書いてありませんので、個々の契約における背景事情や具体的な作業、対価、成果物などをイメージしながら、より妥当な解決策を検討していきます。

　交渉をまとめるための提案力を期待されている法務担当者としては、権利取得にこだわる相手方に対して、権利を譲渡する代わりに権利留保と実質的に同じ結果をもたらすような幅広い利用権を主張するなど、柔軟な発想が求められます。もちろん、この場合も著作権法や関連法規への理解がベースとなります。

🏆 模倣品問題──中国編

　この日、佐々木と濱田は、中国での模倣品問題について、知的財産部とのミーティングに参加していた。当社製品の知名度が中国で高まるにつれ、当社製品の模倣品も中国の大手ネット通販サイトに出回るようになっている。これらは、中国の商標法または不正競争防止法上の侵害行為を構成するほか、特許侵害である可能性もある。

　前回のミーティングでは、現地弁護士事務所からのアドバイスに従い、現地の調査会社を使って、中国市場全体でどの程度当社製品の模倣品が出回っているのかを調査するとともに、大手通販サイトに掲載されている模倣品については、その販売業者や生産工場を調査することが確認されていた。今日は知的財産部からその調査結果の報告が行われることになっており、知的財産部の竹田がスライドを映しながら説明を始めた。

「調査会社からの報告書によると、今のところやはり当社主力製品の空気清浄器を中心に模倣品が出回っているようです。一番多かったのは20㎡用の製品だったらしく、値段は当社正規品の半値くらいのようです。販売業者は27業者見つかっていますが、生産工場は怪しいところが二ヵ所ほどあるものの、確証はとれていません。ちなみにこの27販売業者ですが、いずれも知的財産権を保有しているような会社ではない様子ですので、侵害を主張したら逆に相手から知的財産権侵害を主張されて返り討ちに遭うというリスクは低いと思われます」

「ブツは押さえられました？」

　佐々木の質問に竹田が写真を映し出した。

「はい。この通り、二機種、二台ずつ計四台を通販サイトから入手済みです。弁護士事務所の指示通り、いずれも公証人立会いの下、入手しています。二機種それぞれ一台ずつ公証人に送り、残りの二台は当社の蘇州の生産工場に送って分解調査する予定です」

濱田が佐々木から聞いたところによると、中国での模倣品対応は、弁護士事務所選定後、まず調査会社を使って証拠を押さえるところから始めるそうだ。その際、証拠能力を担保するため、証拠確保の際には公証人にも立会いを求めるのが普通らしい。模倣品は同じものを二台調達し、一台は公証人に預け、もう一台を使って侵害の分析を行う。分析は調査会社を使うこともあるが、今回のように自社で行うことも多いという。濱田がJETROのホームページで調べたところ、中国における模倣品対策では、①直接警告を行う、②担当行政機関に対して行政罰や没収等を求める、③侵害者に対して損害賠償請求訴訟を起こす、④悪質な場合は刑事告発する、などがあるらしい。

「分解調査の結果、商標権侵害などが認められたら、今回の場合すぐに工商行政管理局に申立てを行うのがよいかもしれませんね」

　資料を見ながら佐々木が言った。濱田も事前に調べていたので、「工商行政管理局」が会社の登記や商標登録などを行うとともに、独占禁止法違反や不正競争、模倣品などの取締りを行う機関であることを理解していた。

「当局に申し立てる前に販売業者に直接警告レターを出すことも考えられますが、証拠隠滅を謀られるおそれもありますからね。損害賠償請求にしても、今回の場合、27業者の会社の規模と当社の損害規模からして、民事訴訟を起こすのは費用倒れとなる可能性が高いかもしれません」

　佐々木の意見に、知的財産部のメンバーも同意した。

「いずれにしても、27業者のリストを弁護士に送って相談しましょう。それと、竹田さんが調べて下さった、通販サイトが設置している『知財権侵害クレーム窓口』への申立てについても、工商行政管理局が動いてからのタイミングがいいのかどうか、弁護士と相談したいと思います」

　模倣品対策といっても、いつもマニュアルに書いてある通りにやる

わけじゃないんだな、と実際の対応の難しさを濱田も知るのだった。

NOTE

Ⅳ　中国等での模倣品対策

　特にアジア地域で製品を販売する企業は、中国等での模倣品問題は避けて通れない課題です。悪質性の高いものは行政処分や損害賠償請求訴訟などにより徹底した対応が重要である一方、そこまでの必要性のないものは、ネット通販サイト会社による自主対策（権利者からの申立てにより調査し、侵害品を扱う店舗に対してはサイト内での権利を制限したり店舗を閉鎖したりする）を利用するなどして対策を行います。いずれの場合も、違法行為を証明するための証拠の確保が重要ですが、中国では、裁判における証拠の証明力を担保するために公証手続を通じて証拠を収集する必要があるので、現地の弁護士事務所などと連携して対応します。

　中国の場合、刑事訴追基準に達しない知的財産侵害案件は行政機関が直接行政罰を科すこともでき、訴訟よりも簡便で時間や費用がかからないといったメリットもあることから、行政ルートで救済を求めることも少なくありません。行政機関に訴えるにあたっては、地方の行政機関は大都市圏と比べて保護主義的な対応をする可能性もあるので、どの行政機関に申し立てるかなどについても、現地弁護士から助言を受けると良いでしょう。

Ⅴ　模倣品を放置すると

　模倣品による売上減少や粗悪な模倣品による正規品ブランドイメージの低下に加え、安全性に問題があるような模倣品の販売を知っていて放置していた場合には、模倣品とは知らずに購入しそれによって怪我をした消費者から、正規品を販売しているメーカーに対して責任を追及される可能性もあります。模倣品を発見したら、当社ブランドを信頼して下さっているお客様の安全のためにも、ホームページ上で注意喚起をするなどの適切な対応が必要となります。

POINT

1 秘密情報の提供は慎重に

秘密保持契約があっても安心ではありません。インターネット上での情報流出でもわかるように、情報は一度漏れると防ぎきれません。いくら権利を持っていても、差止請求や損害賠償請求には時間とコストがかかるものです。秘密情報を開示する際には、本当に開示しなければならない情報なのか、常に立ち戻って考えることも大切です。

2 当事者の目的にかなう柔軟なスキームの提案を

知的財産権は、複数の人が同時に実施権や複製権などの許諾を受けることができるので、契約を工夫すれば多くの人の利益を調整することもできます。知的財産権の取得・譲渡・許諾等に関する法律上のルールを理解した上で、目的に合った解決策を提案するのも、法務担当者の腕の見せ所です。

3 侵害行為には適切な対処を

市場はボーダーレスになっていますが、知的財産権の保護は各国単位ですので、各国の知的財産権制度に従った適切な対応が必要です。

企業法務実務に役立つ参考文献

①経営法友会法務ガイドブック等作成委員会編『知的財産法務ガイドブック』(商事法務、2003年)

②経済産業省「電子商取引及び情報財取引等に関する準則」(2014年)

③JETRO「模倣対策マニュアル 中国編」(2013年)

第7講　危機管理

★始まりは突然に

「2009年も始まりはこんな感じだったな……」

　佐々木は数年前の出来事を思い出していた。

　今日も法友電気の社員食堂は、「ランチ難民」にならないようにと必死に席を取る従業員でごったがえしている。やはり、古き良き日本メーカーの社風であろうか。チームワークは各職場よいと見えて、数人単位でテーブルについて、ほっと一息ついている姿が散見される。今日の日替定食のメニューは唐揚げのようだ。

　そのような光景の中、一ヵ所だけ妙に静まり返ったエリアがあった。

　食堂左奥に置かれたテレビの前では、佐々木のほか、濱田と、濱田の同期で総務部の半澤が、テレビの画面に注目しつつ静かに食事をとっていた。

　ちょうどそのとき、臨時ニュースが流れた。

　「先ほどから新型インフルエンザ関連のニュースをお伝えしておりますが、たった今、WHOが声明を発表した模様です。WHOのチャン事務局長が発表した声明要旨は次の通りです」

　テレビ画面が切り替わり、チャン事務局長が沈痛な面持ちで話し始めた。

　「WHOは、東南アジアのジャマトラ国において、Ｈ５Ｎ１型の鳥インフルエンザウイルスがヒト―ヒト型に変異した『新型インフルエンザ』の発生を強く懸念しています。

　同国では以前より鳥インフルエンザのヒトへの感染が散発的に継続発生していましたが、昨日、ジャマトラ国政府がWHOに通報した情報によれば、ジャマトラ国東部の農村において、村民2,000人の約半数が突如インフルエンザ様の症状により発熱し、近隣の医療機関がパンク状態になっているとのことです。症状は鳥インフルエンザに罹患したときに酷似していますが、罹患者のうち約六割の者が重篤な症状に陥っており、約一割が呼吸器の機能障害等によりすでに死亡したとのことです。

　なお、当該農村は、養鶏と養豚を主産業にしていますが、その規模は農家単位で小規模であり、鶏、豚、ヒトが同じ生活圏で濃厚な接触を日々しているとのことです。

　WHOは上記の情報を受けて、直ちに現地に要員を派遣し情報収集を開始するとともに、全世界に対して公衆衛生上の強い懸念を表

明いたします」

　再び画面は日本のスタジオに切り替わった。
　「以上がWHOの声明です。これを受けて、日本政府は官邸に対策
室を設置し、情報収集体制に入るとともに、厚生労働省は水際対策
の強化について準備を開始したとのことです」

　ニュースが終わるや否や、佐々木は静かに立ち上がり、「濱田、こ
の唐揚げ食べていいぞ。すまないが片づけを頼む」と食堂を後にした。
　濱田は喜びながら「ラッキー！　俺、唐揚げ大好物なんだよな。得
しちゃった。それにしても佐々木さん、食欲ないのかなぁ」
　濱田の同期で、総務部で危機管理を担当する半澤は顔をしかめた。
「お前わかってないなぁ。佐々木さんは今のニュースを聞いて、おそ
らく部長に報告に行ったんだ。体調が悪いわけじゃないんだって」
　まるで馬鹿扱いされて、濱田はムッとして応じた。
「インフルエンザだろう。俺だって知ってるさ。でも、2009年のと
きだって、大騒ぎしたのは最初だけ。結局毒性が弱いとかなんとか
言って、普通の季節性インフルエンザと何も変わらなかったじゃん。
どうせ海外の話だし。そうそう、危機管理は総務部の仕事だったよね。
危機管理の半澤君、頼むよ。俺は法務部だから関係ないもんね」
　半澤が真顔になり、静かに語り始めた。
「濱田。同期のよしみで言っておく。お前の考え方は間違っている。
これは総務部の神田部長の口ぐせだが、いい機会だから教えてやろう。
『いいか！　危機管理というのは、全社一丸となって取り組むべきも
ので、一人も「見物客」を作ってはいけない。通常時の組織や業務分
担は一定の目安にすぎない。そこにいる全員を有効活用せよ。そして
「これは私の仕事ではありません」という従業員を作るな。危機管理
体制に入っても、もしそんな従業員がいたら、さっさと有休取らせて

帰宅してもらえ』これが神田部長の考えだ。法務の佐々木課長が即応しただろう。あれは神田イズムが浸透している証拠だよ」

そう言うと、半澤も立ち上がり「お前唐揚げ好きなんだよな。俺の唐揚げも食べていいぞ。その代り、片づけを頼む」と言って足早に食堂を後にした。食堂奥のそのテーブルには、濱田と三人分の唐揚げ定食がトレーごと残された。

それから3ヵ月が経過した。

WHOは新型インフルエンザのパンデミック（世界的な流行）を宣言し、日本国内でも散発的に罹患者発生が報道されるようになった。

法友電気では、WHOのパンデミック宣言を受けて、秋葉原社長を本部長、神田総務部長を事務局長とし、各部長級を本部員とする「新型インフルエンザ対策本部」を設置した。

★揺れる社内と「決断」

新型インフルエンザ対策本部では、情報共有の意味もあり、毎日夕方16時から本部会議を定期開催していた。

ある日の会議で、情報班責任者の目黒部長が発言した。

「報告します。国内の感染拡大の影響もあり、各拠点から指揮伺いが来ています。

まず一点目、これは神戸営業所からです。

神戸市内ではインフルエンザが蔓延期を迎えており、従業員から電車通勤はしたくないのでタクシー代を支給してほしいとか、自宅勤務をさせてほしいという要望が多数あがり、営業所長や労働組合までも、その対応に苦慮しているようです。労務管理上どのように対処すべきか判断を求めてきています。

二点目は購買部からです。

　当社の主力商品である業務用エアコンの部品供給の一部に支障が出ています。海外・国内ともにサプライチェーンが機能低下し始めており、代替部品の確保が必要で、BCP（事業継続計画）の発動を検討してほしいとの要請です。特に、エアコンの空気清浄機能を支える部品については、在庫が残り少なくなっており、すでに協定を結んであるサプライヤーに支援要請をしたところ『こんな協定は法的強制力がないんだから、法友電気より高く買ってくれる他社に卸したい』と言っているそうで、対応に苦慮しています」

　秋葉原社長は瞑目して話を聞いている。対策本部事務局長の神田総務部長が口を開く。
「神戸の労務管理案件は、人事部長の恵比寿さんが対処して下さい。いいですね」
　すると人事部長の恵比寿が「労務管理といったって、法的判断が伴うじゃないですか！　法務部の所管じゃないですかね？　法務部さんお願いしますよ。だいたい、二件目のBCPの件だって法務がしっかりしていればトラブルは防げたと思いますけどね」
　これを聞いた秋葉原社長はカッと目を見開き、何か言おうとしたが、神田部長がこれを制して発言した。
「おいおい。この期に及んで人事（ヒトゴト＝他人事）部にならないで下さいよ。しょうがないなぁ。要するに仕事したくないんですな。では結構です。しかし、以後、対策本部会議での発言は禁止しますよ。『口だけ出すな、頸まで出せ』が社会人の基礎ですからね」
　ついに、この会話を傍受していた秋葉原社長が重い口を開いた。
「神田さん、今は身内でもめている暇はない。そのくらいで収めなさい。
　さて、法務部長の大崎さん、そして佐々木課長。本件の対応をお手数だがお願いしたい。その際、次の点を肝に銘じて下さい。

法友電気は、どのような場面においても『従業員の安全』を第一に考えます。すべての対処方針の基本はここです。

　その上で、当社はブラック企業ではない。法務・コンプライアンス上問題がない範囲で対策の選択肢を整理してほしい。できれば複数の対策案を用意して、本部長である私に提示してほしい。

　人事部長の世迷言は気にしないこと。全責任は本部長である私にある。勇気をもって対処してほしい。

　本来は人事部やその他の管理部門がしっかりしていれば、防げたかもしれないが、逆にこの危機にあって法務部門の存在意義を示してほしい。よろしく頼みます」

　大崎と佐々木は、緊張にやや頬を紅潮させながら、さっと起立し「承知しました」と一礼した。

　この光景を、対策本部事務局の応援に来ていた濱田は、静かに見守っていた。濱田は、先日の食堂での会話の意味が、ようやく少し理解できたような気がした。

NOTE

Ⅰ　危機管理とは

　危機管理という言葉の明確な定義はありません。また、さまざまな類似概念との交通整理も十分にはされていないのが現状です。そのような中で、私たちは下記の二点に考えるヒントを求めることができます。

①　法律上の定義

　内閣法では、「危機管理」を「国民の生命、身体又は財産に重大な被害が生じ、又は生じるおそれがある緊急の事態への対処及び当該事態の発生の防止をいう」と定義しています。

② リスクの語源

リスクの語源には諸説ありますが、その中に「断崖絶壁の狭い水路の航海」をリスクの語源だとする説があります。

上記①、②を斟酌するならば、「企業という船（グループ経営をしている場合は船団）が、安全に航海（経営）を続けるためにとるべきさまざまな事前対策と、危機発生後の対応」を併せて「危機管理」と定義することができるでしょう。

Ⅱ　企業危機管理における法務部門の役割

企業危機管理において、法務部門の果たす（果たすべき）役割はとても重要です。

本来、この議論をする前に、企業の危機管理体制について整理をする必要がありますが、この点は措くこととします。危機管理体制は企業の数だけさまざまなパターンが存在しますが、大別すると、全社統制を担う部門が①総務部門の場合、②法務部門の場合、あるいは③新設の危機管理・リスク管理部門の場合の三パターンが多いようです。

しかし、いずれのパターンでも、企業危機管理において、すべての案件・事象が最終的には「法的争訟」にたどり着く可能性を持つ以上、法務部門の果たす役割は重要です。

危機発生後の初動段階から、危機発生部門に伴走する形で、案件自体の解決策提案や法的リスクの分析、訴訟への事前準備や弁護士等の外部専門家との連携体制確立など、担当すべき業務は多岐にわたります。

同時に、通常時の管理体制として、危機発生を未然に防止するために、「危機管理委員会」、「リスク管理委員会」、「コンプライアンス委員会」などの委員会組織を駆使して、全社的な管理体制や従業員教育などについて積極的に情報発信をしていくことが求められます。

さらに、経営との関係では、ストーリーの秋葉原社長の言葉にもありますが法務・コンプライアンス上問題のない経営判断を促すように、常に適正な解決策を意見具申していく役割もとても重要です。

Ⅲ 他部門とのコミュニケーション ①人事部門との連携

労務管理について法務部門がどのように関与していくかは、企業によりさまざまなスタイルがあるでしょう。

本講の場面では、企業にとって財産である従業員を守るために、第一義的に人事部門が果たすべき労務管理に対し、法務部門が法的観点（従業員に対する安全配慮義務の具体化という観点）からどのように助言・サポートしていくかが問われています。危機においても、人事部門がコンプライアンスの観点を忘れずに適正な労務管理を維持するよう、通常時も含めてコミュニケーションを密にして、リーガルサポートをしていくことが大切です。

また、この考え方は、対人事部門のみではなく、他の管理部門や事業部門との関係においても同様です。現実の危機管理の場面では、部門相互に相克する場面もありますが、法務部門をはじめとする管理部門は、相互に十分連携の上、事業部門に対して常に「リード＆サポート」をしていく柔軟性が求められています。

Ⅳ 他部門とのコミュニケーション ②総務部門との連携

本講では、BCP（事業継続計画）という言葉が何度か出ています。

内閣府のガイドラインによると、BCP（事業継続計画）とはBusiness Continuity Planのことで、「大地震等の自然災害、感染症のまん延、テロ等の事件、大事故、サプライチェーン（供給網）の途絶、突発的な経営環境の悪化などの不測の事態が発生しても、重要な事業を中断させない、または中断しても可能な限り短い期間で復旧させるための方針、体制、手順等を示した計画」と定義されています。

ストーリーの事例の場合は「感染症のまん延」という事態ですので、まさにBCPを発動させるべき場面の一つです。

ここで注意すべき点は、BCPの策定にどれだけ法務部門が関与しているかということです。

企業の実態としては、特にBCPを既に策定済みの企業においても、法務部門の関与はまだまだ不十分で、一切関与していないという企業も存在しています。

ここにはさまざまな危機が潜在しています。

たとえば、サプライチェーンが途絶した場合の対策として、部品や原材料の代替供給元と法的拘束力のある協定や契約が締結されていない場合。

あるいは締結されていても、自社にとって不利益な条項が含まれていたり、実効性が乏しい場合。

そして、BCPそのものの内容に、法務・コンプライアンス上の危機が潜在する場合。先般の東日本大震災においては、企業の危機管理、特に事前対策の要否が法廷ですでに争われています。

企業の拠点の立地としてその場所で問題ないか、防災訓練はどのような内容でどれだけの頻度で本来実施すべきか、また危機管理の責任者たる管理監督者はどのような研修を事前に受けておくべきか、といったさまざまな論点が法廷の場で問題提起されています。

これらの論点について明確に方針を示し、法務・コンプライアンス上（特に安全配慮義務上）も問題のないBCPを策定するためには、法務部門の関与は不可欠ではないでしょうか。

POINT

1 リスク事象はすべて法務に関係する

企業で現実に起きている事象はすべて「法律問題」に帰結する可能性を有しています。したがって、法務部門は常に内外のさまざまな事象に対して旺盛な好奇心を持つ必要があります。

2 他部門との連携が不可欠

企業の危機管理において、他の部門との連携は不可欠です。他部門との信頼関係は一朝一夕には築けません。法務部門は、①問題探知能力と、②卓越したコミュニケーション能力が求められる時代になったという認識が必要です。

3 法務部門の役割は大きい

危機管理体制（対策本部体制）において、トップが意味ある決断をするためには、法務部門の果たす役割は大きい。仮に他部門の対応すべき事項であっても、「これは法務部門の仕事ではない」と軽々に判断することなかれ。法務部門はできる限り全事案に伴走し、リーガルサポートをすべきです。

企業法務に役立つ参考文献

①森健「『新型法務部』のススメ——法務部は企業の波動エンジンだ。」NBL999号（2013年）

②森健「戦略的な職場管理に向けて、法務部門の果たす役割はあるのか？」NBL1054号（2015年）

法務の現場から　**危機管理学という学問はない**

「危機管理」という用語自体はさまざまな場面で耳にします。しかし、この分野は学問的な体系化が進んでいない分野で、論者によってさまざまな主張がされています。

このことが危機管理に関してさまざまな誤解を誘発している面があり、同時に議論が深化しない原因でもあると考えられます。

危機管理とは、きわめて実務的なノウハウとして語られるべき内容であって、決して「心得」、「心構え」といった抽象的な議論ではありません。抽象的な議論しかしない論者がいたとすれば、それは実務経験の不足から具体論に踏み込めないということの表れなのかもしれません。そのような意味でも、21世紀的分野であり、最も実務家出身の研究者が待望されるのが、この「危機管理」の分野です。

第8講　グローバル法務

✪EUの代理店契約

　法友電気の法務部では、月に二回、部員全員での部内会議を開いている。そのうち一回は現在進行中のプロジェクトや業務に関する情報共有とディスカッションで、もう一回は講師持回りで勉強会をするのが最近のスタイルだ。この日は前者で、海外案件の対応状況の報告が中心となった。

　この日最初の報告は、神田川が担当している欧州の販売代理店契約の見直し状況についてである。欧州には地域別に五つの代理店があるが、ほとんどが英国子会社設立前からの代理店であるため、代理店契約は現在も法友電気本社が直接契約当事者となっている。英国子会社も欧州統括会社としての実力を備えつつあるため、今後は英国子会社との契約に切り替え、本社を契約当事者から外すよう進めているが、切替えにあたり、一部の代理店は、法友電気本社による履行保証書の提出を求めてきているとのことである。

「まあ、本社との契約を規模の小さな英国子会社に切り替えるわけだから、親会社保証を求められても当面は仕方ないか」

　大崎部長のコメントに神田川がうなずいた。

「はい、海外事業本部もやむをえないと判断しているようで、親会社保証についての社内決裁の準備はしているようです。それからもう一点、今回の見直しではHarryさんにも代理店契約をレビューしてもらっているのですが、EU競争法上問題がある条項を指摘されました」

Harryは昨年英国子会社のGeneral Counsel（欧米企業における法務部のトップ）として採用された英国人弁護士である。Harryによれば、従来の販売代理店契約にあるテリトリー外への販売禁止条項だとEU競争法違反とされる可能性があるそうだ。また、競合品の取扱禁止義務を入れた場合、契約期間は5年を超えられないため、その点についても今回の見直しでHarryに直してもらうことにしたという。

「今後もしEU域内を対象にした販売代理店契約を作る場合には、Harryさんにも相談するなどして、EU競争法には十分ご留意下さい」と神田川が結んだ。

　ノートにメモしながらも、どうして販売代理店契約で競争法のことを考えなければならないのか、濱田にはまだよく理解できていなかった。独占禁止法の授業は取らなかったしな……、でも英語の代理店契約なんて俺にはまだ当分先のことだろうから、いつか仲真さんに教えてもらおう、とのん気な濱田であった。

❇米国でのPL訴訟

　続いて犀川から、昨年北米で提訴されたPL訴訟についての経過報告が行われた。当社の業務用空気清浄機が使われていた企業の研究施設で夜中に火災が発生し、幸いけが人は出なかったが機材と設備が焼損したという事故である。現場検証では明確には出火原因を特定することができなかったが、被害を受けた企業とその損害の一部を補填した保険会社（火災保険金を支払った保険会社は、不法行為者に対する損害賠償請求権を代位求償できる）が、火元近くに設置されており焼損度合いの激しい当社の機器が火事の原因であるとして訴えてきたものである。当該機器は北米子会社から原告の施設に納められていたが、裁判では北米子会社とともに本社も被告として訴えられた。昨年提訴された際には、送達を受けた米国子会社のGeneral CounselのBrianから

第一報が入ってきた。本社への正式な送達はまだだったが、米国子会社も本社もPL保険を購入している保険会社（日系損保会社）に直ちに連絡し、訴訟費用を含め本件訴訟が当社のPL保険でカバーされることを確認し、保険会社の事故対応部門に代理人弁護士の選定を頼んだ。その数ヵ月後ハーグ条約に従い本社にも正式に送達がなされ、その後は保険会社の事故対応部門経由で代理人弁護士と調整しながら、当社側はBrianと犀川が窓口をしてきた。北米での訴訟かつ子会社が直接当事者となっていることもあり、Brianが中心となって代理人弁護士や保険会社と訴訟戦略を立てていて、定期的に本社法務にも報告をしてくれている。

「Discovery（証拠開示手続）もだいぶ進んで、文書提出に関してはほぼ終わったところです。これからDeposition（証言録取）の段階ですが、当社の証人になりうる開発担当者は皆日本にいるので、現時点では、可能であれば証言録取は日本で行うように求めようと思っています。Brianもそれに賛同していて、そろそろ和解の可能性を探る段階なので、渡航費などより費用のかかる日本での証言録取は原告側にも和解のインセンティブになるかもしれないと考えています」

　これまでの代理人弁護士からの報告によれば、火災現場を検証した専門家の意見書でも、必ずしも火災原因は特定できておらず、当社側の専門家の見解では、当社製品以外の機器に火災原因があった可能性も十分に考えられるという。

「火災原因が明確になっていないのに、当社は和解金を払わなくてはいけないんですか？」仲真の指摘に、「そこが米国での訴訟の難しいところなんです」と犀川は説明を続けた。

　代理人弁護士の見立てによると、現状では、Trial（事実審理）まで行き、裁判所のある州の地元住民で構成される陪審員の判断を仰いだ場合、勝てる確率は50％弱だという。陪審員裁判に特有の事情も考慮した上での敗訴リスクに加え、それまでの訴訟遂行コストを考える

と、現時点である程度の額で和解に応じるのも合理性があるというのが弁護士や保険会社の見解で、Brianも同意見らしい。

「納得できないこともあるが、訴訟社会アメリカならではの必要コストなのかもしれないな」大崎がコメントした。「最近うちもアメリカでの売上げが伸びているから、今後アメリカで裁判に巻き込まれる機会も増えるかもしれない。皆いつでも対応できるように、アメリカの民事訴訟手続の概要（123頁）は頭に入れておいて下さい」

　日本の民訴も自信ないのに、アメリカなんて……、俺も英米法とか勉強しないといけないのかな、濱田はちょっと気が重くなった。

★グローバル法務会議

　この日の最後の議題は、この秋に計画されている法友電気法務部初のGlobal Legal Meetingについてだった。会社の中期経営計画でも海外ビジネスをますます強化していく方向が示され、事業部だけでなく法務部を含む管理部門にもグローバル視点でのオペレーションが求められつつあった。

　海外拠点については、現地子会社における法務対応の必要性から、主要子会社である米国、中国、シンガポールでは5年ほど前から順次、現地の弁護士を採用して法務機能が配置され始めていた。さらに、最近では監査役や監査法人から法務部長へのヒアリングでも海外案件についての質問が増えたため、昨年からは英国子会社にも法務機能を置いてもらい、紛争案件については拠点法務から親会社法務へ直接報告を上げてもらうようにしたところである。一方、これまでは海外法務の採用もオペレーションも各社独自に行ってきたので、親会社法務と子会社法務の交流はあまりなく、時々子会社から親会社保証を求めてきたり、訴訟やコンプライアンス問題があるときにコンタクトする程度であった。今後は横の連携を強化していくことが親会社法務の

目標ともなっており、まずは皆で顔を合わせて交流するGlobal Legal Meetingから始めようと、大崎が今年度の計画に掲げたのである。

　大崎から振られて、仲真が報告を始めた。

「今回企画するにあたって、うちよりグローバル化が進んでいる他社の法務にお話を伺いに行きました。グローバル企業での法務機能の運営は大きく三つのパターンに分けることができます。一つ目は欧米企業方式で、親会社法務がグループ会社の法務部門のトップに位置します。各国子会社の法務担当は子会社で雇用されますが、採用の判断や指揮命令は親会社あるいは地域統括会社の法務が行い、報告も親会社や統括会社の法務に行うそうです。二つ目は当社のように多くの日本企業が行っている方式で、各子会社単位で独立した法務オペレーションを行っており、親会社法務への報告義務はありません。三つ目が欧米方式と日本方式のハイブリッド型で、自社の上司と親会社法務の両方にレポートしているようです」

「うちの法務の実力から言っても欧米方式は無理だな」

　苦笑いする大崎の隣で、佐々木がフォローした。

「いや、法務担当者だけで何十人、何百人と採用している欧米企業とは法務の機能にも違いがあるでしょうし、うちは文化的にもハイブリッド型が一番フィットするように思いますね」

　法友電気の海外子会社の法務担当はまだ両手で数えられる程度だが、会社によっては、何十人もの法務担当者を海外子会社に配置していたり、日本の法務から子会社の法務に出向させたりしているところもある。いずれの会社も、定期的にグローバル会議などを開催してface to faceでの情報交換や勉強会を行い、信頼関係を醸成して日常業務での連携力をアップさせているようである。

　そう仲真が報告すると、犀川がうなずきながら言った。

「昨年アメリカのBrianが初めて本社に来て、裁判の件で打合せや連絡を取るようになってからは、私自身は彼とはコミュニケーションし

やすくなりました。やはり直接会って話をすることはとても大切だと感じますね」

　Global Meetingを各国持回りで開催している会社もあるらしいが、法友電気法務部初のグローバル会議は本社で2日間の日程で開催することとなった。海外の法務からは五人程度の参加見通しで、米国のBrian、英国のHarry、そして中国の張にはいくつかのテーマで発表してもらう方向である旨、仲真とともにグローバル会議の企画を担当している神田川が当日のアジェンダ案を配付して説明した。

第1日目			Presentator
AM	Opening Speech		部長
	各社法務からの紹介		
PM	親会社意思決定規程その他ルール紹介		未定
	FCPA（米国の海外腐敗行為防止法）		Brian
第2日目			
AM	米国PL訴訟の状況（基礎知識含む）		Brian
	中国の模倣品とコンプライアンス問題		張
PM	英国契約法に基づく契約条項		Harry
	今後の課題（フリーディスカッション）		

　「ところで仲真さん、Global Legal Meetingは本社法務部からは誰が参加する予定？」犀川が尋ねた。

　「せっかくの機会なので、法務部全員でディスカッションに参加してもらおうと思ってますが……、部長、いかがでしょう？」そう答えて仲真はちらっと濱田を見る。

　慌てて視線をそらした濱田を見て、大崎がおかしそうに言った。

「いいんじゃないか。そうだ、濱田、ニューフェースなんだから、率先して30分くらい何か発表させてもらったらどうだ？」

　皆の視線が濱田に集まった。

「えっ、僕もですか。マジで勘弁してください、英語は全然自信ないんです、いや、英語だけじゃないんですけど……」いつになく慌てふためく濱田に、一同大笑いするのだった。

「いやー、さっきは本当に焦りました。英語で発表なんて無理ですよ」会議室フロアから職場に戻りながらぼやく濱田に佐々木が笑った。

「ははは。まあ、でも許してもらえるのは今年だけかな。来年は覚悟しておけよ。あ、ホテルの手配とか、事務方のサポートよろしくな」明るく釘を刺す佐々木に、濱田も姿勢を正して答える。

「はい、わかりました。海外メンバーのフライトスケジュールも確認しておくように神田川さんから言われたんですが、僕がメールして確認するんでしょうか？」

「もちろんだよ。僕の英文メールの書き方の本、よかったら貸してあげるよ。まあ、今回はみんな身内なんだから、心配しなくて大丈夫だよ。僕たちが英語できないことくらい、みんなわかってるからさ」なんだかんだ言っても、佐々木は優しい言葉をかけてくれる。

　佐々木によると、Brianが米国子会社のGeneral Counselの後任としてやって来たのは３年前。北米は訴訟が多く、契約交渉などでも法務が前面に出ることが多いため、子会社でも法務はかなり頼りにされている。彼の下に若い弁護士が一人と有資格者ではないContract Managerが二人、計四人の法務部だ。中国の張が転職してきたのは２年前。彼は中国の販売子会社だけでなく生産子会社も任されているが、中国はコンプライアンス問題や模倣品の問題も増えており、法務担当者の増員が喫緊の課題だ。シンガポールのAlexはもう５年になる。

法友電気の現地法人自体の歴史は長く、北米やアジアに子会社が設立されたのは30年以上前だ。それに比べ、子会社に法務機能が配置されるようになったのは比較的最近のことである。

「どういうタイミングで子会社に法務を置くんですか？」

　濱田は佐々木に尋ねた。

「そうだなあ、欧米企業ではポリシーみたいなものがあるのかもしれないが、うちの会社を含めて日本の会社は明確な基準は持ってないんじゃないかな、どうなんだろうね。これは僕の印象だけど、各国の制度や文化によって違うけれども、日本以外の先進国の法務組織では有資格者を雇用することがほとんどなのかな。だからコストもそれなりにかかる。会社立上げすぐには弁護士を抱えるほどの法務機能は必要ではないから、必要の都度外部の弁護士事務所に依頼する形をとるよね。そのうち事業規模も大きくなるといろいろな法的問題が出てきて、社内に法務の専門家を抱える必要性が出てくる。最近は贈収賄や競争法に限らず全般的なコンプライアンス体制が投資家からも顧客からも求められる時代だから、特にグローバルに事業展開している場合は現地の法律専門家を抱えてきちっとした体制を整えておくことが昔より必要になってきているんだろうな」

　Global Legal Meetingの重要性を改めて理解できた濱田は、まずは自分に与えられた事務周りをしっかりやろうと心に決めながら、佐々木について廊下を歩いていった。

NOTE

Ⅰ　英文契約の学び方・海外法令情報の入手方法

　海外展開している会社の法務部では、準拠法が日本法でない国際契約を審査する機会も多くあります。たとえ英語ができても適用されるルールを知らずに英文契約を審査することはできませんが、英米法を準拠法とする契約では比較的細かく契約に規定する傾向があるので、英文契約の基礎を学んだ後、OJTを通して契約文言からルールを学んでいく側面もあります。英文契約の基礎的な内容は、わかりやすい書籍が多数出ていますし、経営法友会やその他の団体が定期的に開催している研修や、国際商事法研究所（IBL）その他の団体の月刊誌や研修なども参考になります。

　もちろん、各国の契約法の基本的な考え方が似ていたとしても、各国や地域により異なる法令や慣行があり、契約によってはあらかじめそれらを理解し考慮する必要もあります。たとえば本文中で濱田が理解できなかったのはEU競争法における販売代理店のテリトリー制の問題ですが、EUは複数の国を束ねる競争法を持ち、EU市場統合を理念とすることから、国単位のテリトリー制についても細かい制約があります。残念ながら世界中の販売代理店契約の注意点を記した参考書はないと思いますが、OJTや自己研鑽を通じて知識を広げて自分のセンサーを磨きながら、必要な情報を入手できる法務担当者を目指す、ということでしょうか。

　その他、海外法令情報ソースとしては、英米法については二大データベースのWestlawとLexisNexisのほか、インターネット上でも多くの情報が手に入ります。最新の情報については、法律事務所が開催しているセミナーやホームページに掲載している記事なども参考になるでしょう。

Ⅱ　海外弁護士事務所の探し方

　外国に事務所や現地法人を設立する場合のみならず、現地の代理店や顧客との契約交渉など、外国で事業展開する際には、現地の法律事務所にその国

の法律や制度についてのアドバイスを受けることが必要です。法律事務所の選定にあたっては、グローバルに展開している大手の国際法律事務所のほか、国内の弁護士事務所のネットワークからの紹介、国際的な弁護士関連サイトのランキング情報などが参考になります。現地での経験が少ない場合は、できるだけ外国企業のクライアントに慣れている事務所がよいかもしれません。内国企業にとっては当然でも外国企業には不慣れな点を理解して助言してくれるような事務所が望ましいでしょう。また、訴訟代理やM&Aなど大型案件を委任する際には、複数の事務所から見積りを取ってインタビューをして選定することも少なくありません。

　相談は基本的に現地の弁護士と英語や現地語でコミュニケーションすることになりますが、国内に支店がある国際法律事務所や現地に日本人弁護士を置いている海外事務所であれば、日本語を話す弁護士を介してアドバイスを受けることもできます（その分費用もかかります）。

Ⅲ　海外関係会社の法務との連携、情報交換

　法務機能について親会社の本社が中央集権的にオペレーションする欧米企業と異なり、日本企業の場合、言葉の壁と異文化や現地有資格者への遠慮からか、現地法人で採用された法務担当が独立した法務オペレーションを行い、日常的なコミュニケーションも少ないこともままあるようです。しかし、グループ内の法務担当同士の連携は、グループ経営の効率化にとっても大切です。

　国によって法制度や文化が違っても、グローバル市場で事業を展開する企業においては、法務担当の抱える問題は案外共通していますし、情報交換を通じてお互いの知見や経験を共有することは、相互のレベルアップにもつながります。もちろん、今後グローバル市場で生き残っていくために親会社法務には子会社法務をリードする心構えや能力が求められることは言うまでもありません。

POINT

1 郷に入っては郷に従え

当然のことですが、海外でビジネスを行う際には、現地で適用される法令や法制度、地域特有の慣習などを理解して、これらに従う必要があります。細部は必要な際に現地の専門家に確認するとしても、特に日本の常識と異なるルールについては、日頃からアンテナを高くしておきたいものです。

2 コミュニケーションのための英語は必須

国際取引においては、英文契約が基本となるほか、英米法の基礎知識も求められます。英文契約書を読み込み、ドラフトする英語力も重要ですが、現地弁護士など関係者とのコミュニケーションにも英語が欠かせません。

3 グループ内の法務リソースを有効に活用

グループ会社の海外法務メンバーは、立場は違えども目標を共有する仲真であり、貴重なリソースです。頼り、頼られる関係は一朝一夕には為し得ず、日頃からの信頼関係の積み重ねによることは、古今東西変わりません。

| 企業法務実務に役立つ参考文献 |

①三輪泰右＝池田俊二＝三橋克矢『法務担当者による米国民事訴訟対応マニュアル』（商事法務、2015年）

②チャールズ・M・フォックス著　道垣内正人監訳　㈱日立製作所法務本部英米法研究会訳『米国人弁護士が教える英文契約書作成の作法』（商事法務、2012年）

　企業法務の目的は、企業のリスクマネジメントであるともいえますが、リスクマネジメントの一手法として多くの会社が損害保険に加入しています。事業に関する損害保険は、動産保険や物流保険など自社の管理下財物の損害を補填する「物保険」と第三者に対する賠償責任を補填する「賠償責任保険」の二つに大きく分けられます。また、賠償責任保険には、企業総合賠償責任保険（製造物責任や土地工作物責任のほか、事業活動上、他人に物的または人的損害を与えた場合の賠償責任を包括的にカバー）や、リコール、情報漏えい、ITリスク等に関する保険、役員賠償責任保険などがあります。

　損害保険は、総務部門や財務部門（保険会社が大株主である場合など）が担当部門として管理することが多いですが、法務部門が賠償責任保険を担当しているケースもあります。「法律上の賠償責任」を対象とする賠償責任保険は、発動条件やカバー範囲を理解するために法的知識が必要で、自社の事業リスクに照らして保険のカバー範囲が適切であるかという判断も大切であることから、法的リスクを判断する法務部門の関与は有効です。また、賠償問題に発展しそうな事故が発生した際には、法務部門で保険適用の可否や是非を判断・提案し、保険を使う場合には保険会社の事故対応サービス担当や代理人弁護士と連携して対応を行うことになります。

　法務部門が保険の担当部門となっていなくても、法務の通常業務において賠償責任保険の知識が必要になることもあります。業界によっては、一定の賠償責任保険への加入を顧客との契約条件として求められたり、逆に事業規模の小さいサプライヤーに対し

て保険加入を求めることは購買リスクマネジメントの一つといえます。

　役員賠償責任保険は、役員個人（取締役や監査役）を被保険者とする保険で、会社が契約者となって保険料を支払っていますが、保険料の一部（株主代表訴訟特約保険料）を役員が負担する特殊な保険です。この保険は通称D&O保険と呼ばれており、株主代表訴訟における賠償責任の高額化や会社法改正による社外取締役選任増加で、最近見直しをかけた会社もあるようです。

　賠償責任保険の知識は、法務担当者にとっても必要なものといえるでしょう。

❖反腐敗の潮流

　夏の暑さがピークを迎えた午後、濱田は、缶コーヒーを飲みながら仲真に話しかけていた。

「仲真さん、この間お中元を贈ったんですけど、法務部の皆さんはどうしてるんでしょう？」

「え、濱田君世代がそんなこと気にしてるのは、意外ね。法務部では当然虚礼廃止よ」

　さらっと答える仲真に、濱田は驚きを隠せない。

「え、でもそれは表向きで、裏では、みんなやってる、って話をどこかで聞いたことあるんですけど……」

　考えたこともないという様子で、仲真が答えた。

「んー、私が入社したころは、一部でまだそんな感じも残っていたのかな。でも私は社内の人にお中元はおろか年賀状も出したことないわね」

　濱田は、内心、仲真さんのキャラならそれで全然問題ないだろうけど……と思いながら、言葉を続けた。

「そう言えば、社外の人へのお中元なんかも昔に比べれば、かなり減ったみたいですね」

「そうね、昔はお役所にも当たり前のように送ったりしていたって聞いたことがあるけど、隔世の感があるわね。ところで濱田君、会社が反腐敗プログラムに取り組んでいることは知っているでしょ？　ちょ

うどいいわ。今日、その準備会議があるから一緒に出てくれる？」

　濱田は、しまった！　また余計な仕事を増やしちゃったよ、と思いながら、「ええ、もちろん出させてもらいます」と答えるしかなかった。

NOTE

Ⅰ　Anti-bribery（反腐敗）利益相反

　近年、日本の習慣も様変わりし、お中元、お歳暮等の虚礼廃止・簡素化が進んでいますが、そこには合理化・非生産的習慣の廃止等の背景とともに世界的なAnti-bribery（反腐敗）の潮流があることは見逃せません。

① 　一般的には、bribery（賄賂／収賄）は、公務員に対する便宜供与を指すものですが、私人間でも過度な贈答品はconflict of interest（利益相反-当該贈答品を受け取った個人が企業の利益より贈答品をもらった相手先を優先して行動してしまう）を引き起こすことから、法的な問題となりえます。

② 　世界的にも私人間のbriberyを罰する法律が英国等でできており、企業でも従来の税務・予算の観点だけではなく、Anti-bribery／反腐敗の観点から贈答・接待を規制するポリシーを制定することが一般的になってきています。

③ 　上記に加え、公務員との従来型briberyについても厳格な法制度の整備・適用がグローバルに進んできており、企業としていかに対応するかが急務となっています。

反腐敗プログラムの立上げ

　その日の夕刻、総務部の近くの会議室に法務部、総務部、財務経理部、事業部門が集まり、法友電気のAnti-bribery／反腐敗プログラム

の立上げについて議論がなされた。

　仲真がいつものように淡々と説明を行った。

「当社は、事業活動のグローバル化を進めてきていますが、世界的な潮流である反腐敗行為取締強化に対応したコンプライアンス体制はまだまだできていないと思われます。遅くとも来年度春に向けたプログラム制定と運用開始を目指すべきかと」

　しかし総務部の笹岡は納得できないようだ。首をかしげながら発言した。

「んー、今一つピンと来ないのですが、具体的なプログラム内容についてもう少し教えて頂けませんか？」

「はい、この資料をご覧下さい。濱田君、皆さんに配ってくれる」

Anti-bribery Program(案) 法務部
- Anti-bribery Policy（腐敗行為防止規程）の策定
- 贈答・接待のScreening制度の導入
- 代理店のbackground check制度の導入
- M&A, Joint Venture実行時のパートナーないしは target companyのDue Diligence
- 上記プログラムを運用する為の組織の設立

　資料が全員に行き渡ったのを確認すると、仲真が再開した。

「これは反腐敗プログラムを導入している他社事例を参考にしたものです。最初に反腐敗行為の禁止、およびプログラムの内容等を記載した新たなポリシー（社内規程）を策定し、贈答・接待については従来の交際費課税や予算管理の観点からのスクリーニングに加えて、一定以上の金額あるいは公務員への贈答・接待については別のスクリーニングを実施します。また、会社が起用する代理店や業務委託先には外

部専門業者が提供するデータベースを用いて当該代理店等が過去に反腐敗行為等を行っていないか等をチェックするスクリーニングを実施します。さらにM&Aや合弁会社を設立する際は他のパートナーや対象会社について、Due Diligenceを従来の法務や会計に加えてこの反腐敗の観点からも行います（第19講参照）。

　そして、ここが一番大変な点だと思いますが、上記のプログラムを行うには、新たな組織をどこかに立ち上げる必要があるかと思います。当社の規模感であれば、組織の立上げは、おそらく二〜三人程度でよいとは思いますが」

　黙って聞いてはいるものの、出席者の誰もが仲真の提案に対して懐疑的であることは、その表情から明らかだった。総務部の笹岡が口火を切った。

「すみませんが、贈答接待については、営業ラインと経理ラインでスクリーニングがかかっているかと思うのですが、あえて追加のスクリーニングを実施することは、現場が混乱するのでは？」

「そうですね、私もできれば現在の経理ラインの業務プロセスと反腐

敗のプロセスを統合できれば混乱しないと思って、財務経理部の方々に反腐敗対応のトレーニングを受けてもらうことを提案したのですが、業務負荷を理由に話が進まないので……」

　仲真の返答を受けて、財務経理部の今泉もここぞとばかりに強い語調で反論した。

「おわかりの通り、正直、今でも財務経理部は支払処理等で忙殺されているんですよ。新たに反腐敗の観点からチェックしろ、というのはちょっと難しいですね」

　製造第1部の島岡はどれくらいの負担があるのかを知りたいようだ。

「この代理店スクリーニングは国内の販売代理店を対象にするのでしょうか？　今は量販店への販売でほとんど販売代理店はないですが」

「いえ、国内の販売代理店に限らず、当社が業務を委託する、あらゆる業者を対象にします。たとえば国内外で起用するコンサルタント、ブローカー等は基本的にはすべて対象です。これは賄賂が提供される場合、業務委託を装って業者から間接的に提供されるケースが多いため、世界的にも標準的になりつつあるスクリーニングプロセスです」

　会議室は静まり返った。しかし誰の頭からも「全部の業者にスクリーニング？？？」という吹出しが見えそうな様相だ。濱田も内心かなり驚いて仲真の説明を聞いていた。

　島岡がようやく口を開いたが、あきれた様子を隠そうともしない。

「しかし、業者に対してそんなスクリーニングをしていては、営業のスピードも落ちるし、大体、そんな複雑なプログラムを行う費用もバカにならないのでは？　正直、費用対効果が折り合うのか……」

　仲真は平然とした様子を崩さずに答える。

「その疑問は当然だと思います。ただ最近新聞で報道されていた通り、米国では司法省が海外企業による腐敗行為の取締りに注力しており、企業によっては数十億から数百億に及ぶ罰金の支払いを求められてい

ます。また、かかる支払いまで及ばなくても、司法省の調査に対応す
るだけで数億単位の弁護士費用がかかりますし、万が一、メディアに
出れば、ビジネス上大きな痛手にもなります。

　皆さんのご懸念はよくわかるのですが、転ばぬ先の杖として手を打
つべきと法務部では考えています」

　重苦しい空気の中、総務部の笹岡が口を開いた。

「まあ、とりあえず今日のところはこれくらいにしましょう。できれ
ば法務部さんのほうで人員、予算も含めたもう少し詳細な青写真を
作って頂ければと思いますが、いかがですか？」

　口調だけは明るい笹岡に、仲真は落ち着いて返事をした。

「わかりました。本日はお時間頂きありがとうございました」

　濱田はこれほどに硬直した雰囲気の中で物怖じしない仲真の精神力
に改めて感嘆していた。

NOTE

Ⅱ　Anti-bribery（反腐敗）プログラムについて

　現在世界的には以下の潮流でAnti-briberyに関する規制が強まっています。

① 米国海外腐敗防止法（US Foreign Corrupt Practices Act "FCPA"）

　　米国当局は、本法律の執行、特に海外企業への執行を強化しており、
日本の企業でも近年、数十億円から数百億円の和解金が支払われる等の
ケースが起きています。注意しなければならないのは、贈収賄行為自体
が米国で起きていなくとも、米国企業の対象プロジェクトへの関与、外
国企業の米国法人の関与等、米国との関連をむしろ積極的に見つけ出し、
米国法を適用するいわゆる「域外適用」がなされていることです。

　　さらにE-discovery（第10講参照）が進んだ米国の司法省の調査に耐
えるためには膨大な情報・データの収集義務が負わされることになり、
弁護士費用とあわせて相当の費用（数億円から数十億円）がかかること

にも留意しなければなりません。また、FCPAを遵守するための詳細な
ガイドラインが別途策定されており、本講で仲真が提案している反腐敗
プログラムの内容もそのガイドラインに依拠したプログラム設計となっ
ています。最近では具体的なbribery行為が認められなくても、適切な
プログラムの設置を怠っていることを理由に罰金を支払わされるケース
も出てきており、ケースの蓄積を注視する必要があります。

② 英国贈収賄法（UK Bribery Act）

英国で制定された法律であり、従来の公務員への賄賂だけではなく私
人間の賄賂も規制していることに特徴があります。今のところ米国ほど
の積極的な執行はなされていませんが、今後強化するとの動きもあり英
国当局の動きを注視する必要があります。

③ 中国も含めた新興国の潮流

昨今メディアに取り上げられているように中国では自国内の腐敗行為
を厳しく取り締まっており、私人間の賄賂でも取締りがなされているこ
とから、月餅等の風習にも影響を与えつつあるところです。また、ブラ
ジル、インドネシアでも一部の産業界関連で取締りが強化されるなど、
従来の慣習では計れないケースが出てきており、今後もその潮流を注視
し、適切な対応を取る必要があります。

④ 日本の不正競争防止法

日本は、従来から腐敗防止に対する取締りが緩いとの海外からの批判
を受けており、ガイドラインを制定・改定する等、一定の強化を試みて
います。しかしながら依然として海外からの風当たりは強く、今後も規
制を強化していくものと思われます。

⚙ 反腐敗体制整備

会議終了後、仲真と一緒に執務室へ戻りながら、濱田は仲真に話し
かけた。

「他の部の方々の反応はイマイチでしたね」

　イマイチどころか凍るような雰囲気だったけれど……と思いながらも濱田は元気な声を出す。仲真も意に介さない様子だ。

「そうね。まあ予想通りかな。新聞には大きく出たりしているけど、実際に身をもって体験しないと、人は、なかなか危機意識を持てないからね。まあ、法務部で音頭を取って進めていくしかないかな」

「そうなんですね」

　仲真は急に立ち止まって大きく伸びをした。やはり彼女なりに気を張っていたようだ。

「やれやれ。本当は法務部以外の部署で対応してほしいんだけどね。法務は、社内規程の作成とか文書作成、個別の案件対応をするのは得意なんだけど、このプログラムは策定した後に実際のスクリーニングを日常的に処理していかないといけないでしょう。たぶん、法務としては不得意な分野だと思うのよ」

　濱田も、内心、確かに今の業務でもアップアップなのに、それに贈答・接待のスクリーニング業務が来たら仕事が回らないな……、とぞっとしつつ、新しいリスクに対して会社が対応していくには、常に外部にアンテナを張りつつ、制度の内容とそれを運営するための組織設計を同時並行で考える必要があるんだなあ、と考えていた。

NOTE

Ⅲ　Anti-briberyプログラムを運営するための組織作り

　本プログラムを運営するためには、従来の法務部の業務範囲を超えた体制作りが必要となります。

　① 反腐敗ポリシー（社内規程）の策定については、すでに多くの企業が導入しており、具体例を入手することは比較的容易です。ただし、具体的にポリシーを運営していくためにどのような組織設計を行うのか、ど

こまでやるのか決めていくことが重要かつ大変な作業となります。

② まずは、自社の規模、ビジネス内容（代理店の起用有無、政府関係者との接触可能性・その頻度）、およびビジネスを行う国々等を考慮に入れた上でどのような反腐敗リスクにさらされているかを検証する作業（リスク・アセスメント）が必要となります。

③ 仲真が提案しているような具体的なスクリーニング作業を行うには、当該作業を行う人員の確保・管理体制が必要となります。贈答・接待費の支出等についてすでに集中的に管理している企業であれば、その管理組織を増員し、反腐敗のトレーニングを施し、その管理組織で反腐敗のスクリーニングを行うやり方もあるでしょうし、逆に贈答・接待費は個別の営業で管理している企業であれば、集中的に管理する新たなプロセス・組織を策定することも検討すべきでしょう。

④ 代理店のbackground checkについては、かかるcheckを行うデータベースを有する業者が複数存在しています。提供するサービス範囲、費用には幅がありますので、やはり自社に合った業者を選定する必要があります。

⑤ 異口座送金check（起用した業者とは異なる先・国への費用の送金をcheckするプロセス）、反社会的勢力をcheckする手続、契約書に挿入する反腐敗・反社条項の確認手続等との融合を検討する必要があります。また、プログラム運用が適切になされているか、定期的に監査する仕組みを検討する必要があります。

⑥ 上記の①〜⑤については、同プログラムをグループ会社にも展開することを視野に入れて、制度設計、運営体制を構築していく必要があります。

POINT

1 反腐敗対応は今や企業の至上命題

先進国のみならず新興国においても、anti-bribery／反腐敗の流れは強まる一方であり、日本の企業も常にネットワークを張り、その潮流を学び、必要な施策を打っていくことが必要です。

2 法務部主導での対応が必要

法務部門が、その中心的役割を担っていく必要があることは間違いなく、従来型の契約管理業務、文書管理業務を超えて能動的に対処していく必要があります。

3 組織とネットワークで対応

一方、法務部門のみで対応できることは限られており、プログラムを運用するためには自社内の他部門との連携が必須であることはもちろん、他企業法務担当者・関連業者とのネットワークを維持し、常に知見を蓄えておくことが重要です。

企業法務実務に役立つ参考文献

①木目田裕監修・西村あさひ法律事務所危機管理グループ編『危機管理法大全』（商事法務、2016年）

②北京市金杜法律事務所コンプライアンスチーム編『中国商業賄賂規制コンプライアンスの実務』（商事法務、2015年）

③森・濱田松本法律事務所グローバルコンプライアンスチーム編『外国公務員贈賄規制と実務対応』（商事法務、2014年）

法務の現場から　反社会的勢力の排除

　最近の契約書では、「甲及び乙は、自己又は自己の役員が、現在、暴力団、暴力団員、その他これらに準ずる者のいずれにも該当しないことを表明する」といった条項を見かけることが多くなりました。いわゆる、反社（反社会的勢力排除）条項や暴排（暴力団排除）条項と呼ばれるものです。

　近年の暴力団排除運動の高まりにより、2004年頃から各都道府県において暴力団排除条例が次々と施行され、2011年に東京都と沖縄県で条例が施行されたことにより、現在、47都道府県すべてにおいて暴力団排除条例が施行されています。

　たとえば東京都条例では「契約の相手方等関係者が暴力団関係者でないことを確認すること」「契約の相手方等関係者が暴力団関係者であることが判明した場合には契約を解除すること」について努力義務が課されています。これらの条例を受けて、契約書の中にもこのような条文が入るようになりました。

　また、最近の契約書の中には、国際的な反贈収賄規制の強化を受けて、贈収賄禁止条項なども見かけるようになりました。契約書は時代を反映してどんどん進化していきますが、その反動として、どんどん契約条項が増えていくことが法務担当者にとっては悩みの種です。

第10講　訴　訟

特許侵害訴訟

　仲真と濱田は、日本国内の開発・製造拠点である四日市工場を訪問していた。今日は、ここの大会議室で開発部門、製造部門、営業部門、知的財産部門、法務部門を交えた会議が開催される。

　午前9時ちょうどに会議が始まり、冒頭、営業担当者から報告が行われた。

　「先週の水曜日、当社の競争会社であるUS Electric社からレターが届きました。内容は、当社が半年前に発売を開始した製品が特許を侵害しており、販売の停止と損害賠償に応じなければ、直ちに提訴を行うというものです。なお、当社は、この製品を日本、米国、EUのマーケットでそれぞれの販売子会社を通じて販売しています」

　続いて、知的財産担当者から報告が行われた。

　「まず、US Electric社の特許は、電動モーターの制御方法に関するものです。Claim（請求項）は全部で五項目あり、2004年に米国で初めて登録され、その後、日本、EU、南米、アジアを含めて29ヵ国で登録されています。現在、米国の法律事務所に侵害鑑定を依頼しており、あと1週間ほどで鑑定結果が出る見込みです」

　「この特許の存在は、製品開発時点ですでに認識していました。当然、当社としては、この特許を回避して製品を設計しています。おそらくUS Electric社は、当社新製品の出鼻をくじくため、このような通知を行ってきたのでしょう」

関係部門からの説明が一通り終わると、法務部門を代表して仲真が発言した。

「当社の製品がUS Electric社の特許を侵害しているかどうかは、鑑定結果を見てみないと何とも言えません。ただし、相手のレターを見ると、早めに訴訟を視野に入れた準備を行う必要があると感じます。おそらく、相手の本社があり、かつDiscovery（証拠開示手続）のある米国内で訴訟が提起されると思います。したがって、Discoveryを視野に入れた対策を行う必要があります」

「Discoveryを視野に入れた対策とは、具体的にはどのような対策ですか？」

　営業担当者から質問が飛んだ。

「具体的には、まず、Litigation Hold Notice（訴訟用文書保存通知）を発信します。つまり、米国の訴訟では、当事者が訴訟に関連する可能性のあるデータや書類を保存しておく義務があり、この義務に違反すると非常にペナルティが大きいため、現在、当社で保有しているこの製品の開発、製造、販売に関するすべてのデータや書類を保存する必要があります」

「全部のデータや書面ですか？　この製品の開発や販売には多くの人が関わっているから、誰がどんなデータを持っているかまったくわからないな」

　驚きの声を上げた開発担当者がため息をついた。

　濱田も開発担当者の意見に内心同意しつつ、米国訴訟の難しさを肌で感じていた。

　会議の後半では、仲真から各部門に指示が飛んだ。

「まずは、Litigation Hold Noticeの対象者を誰にするかを決めましょう。営業、開発、製造それぞれの部門で、この製品の営業、開発、製造に過去に関わった、または、現在関わっている人をリストアップして下さい。このリストを元にして通知を発信します。

　通知を受け取った人は、製品に関係するデータや書類を廃棄することはできなくなります。また、私から情報システム部門に連絡して、対象者のEメールデータを保存します」

　会議の参加者は、戸惑いの表情を見せながらも、仲真の発言をメモに書きとめた。

「さらに、情報発信を制限する必要があります。米国にはAttorney-Client Privilege（弁護士秘匿特権）という制度があり、依頼者と弁護士との相談や会話内容は、秘密が保持されます。つまり、この制度で保護されるデータや書類は、裁判における証拠として提出する必要がなくなります。Discoveryという半強制的な証拠開示手続のある米国では、非常に大切な制度なんですよ。社内弁護士も対象となるので、私との情報交換は、Attorney-Client Privilegeの対象となりますが、皆さんの間の情報交換は、原則として相手に開示されると考えて下さい。特に、Eメールに不用意なことを書くと不利な証拠となるためよく注意して下さい」

　てきぱきと発言する仲真の様子とは対照的に、重苦しい雰囲気につつまれながら、第一回目の対策会議は終了した。

NOTE

Ⅰ Discovery（証拠開示手続）とは

　日本の民事訴訟では、各当事者が自力で証拠を収集することが原則ですが、米国や英国の訴訟では、当事者同士が相手方に訴訟に関連する情報を開示する手続があります。

　特に、当事者が保有している文書やＥメール・文書ファイル等の電子データを廃棄したり、改ざんしたりすると裁判所から厳しい制裁を課せられる可能性があるため注意が必要です。

　また、最近は、企業活動の中で電子データの占める割合が高く、そのため、専門業者を使ったE-Discoveryが広く実施されています。

　Discoveryは、対策費用が高額となり、かつ制裁が厳しいことから、訴訟実務を進行する上で非常に重要な手続となります。

Ⅱ Litigation Hold Notice（訴訟用文書保存通知）とは

　訴訟手続としてDiscoveryが定められている国では、通常、紛争が発生し、かつ訴訟に発展する可能性が高いと判断された時点で、法務部門から訴訟に関連する情報を保有する社員に対して、Litigation Hold Notice（訴訟用文書保存通知）を送付します。

　この通知のなかには、紛争の内容、文書・データ保存の必要性と重要性、保存すべき文書・データの範囲と保存方法、問合せ先等が記載されています。

　また、会社内のPC・サーバーで管理されている電子データを保存する必要があることから、IT部門と連携して保存すべき電子データを特定し、データバックアップ体制を構築する必要があります。子会社の社員が関連情報を保有している場合も少なくなく、その場合は子会社を含めてPC・サーバーを管理する必要があることから、非常に大変な作業となります。

　さらに、社内に文書管理規程がない、または適切に運用されていない場合、大量の文書・データを開示する必要性に迫られ、不利な証拠を開示しなけれ

ばならない可能性が高まります。日常的に社内の文書管理を適切に行い、不要な文書・データは、定期的に廃棄・削除することが重要です。

Ⅲ　Attorney-Client Privilege（弁護士秘匿特権）とは

　訴訟手続としてDiscoveryが定められている国では、通常、Attorney-Client Privilege（弁護士秘匿特権）という弁護士と依頼者の交信を保護する制度が認められています。

　保護の対象は、弁護士（社内弁護士を含む）と依頼者（社員）のコミュニケーションで、通常、Attorney-Client Privilege対象であることを文書やEメール・文書ファイルに表示します。Attorney-Client Privilegeの対象となる情報は、Discoveryで開示する必要はありません。

　ただし、弁護士からAttorney-Client Privilegeの対象となるEメールを受け取った社員が、不用意にそのEメールを転送すると、保護の対象から外れてしまう可能性があるため、情報管理を徹底する必要があります。

　なお、米国では保護の対象に社内弁護士が含まれますが、たとえば欧州委員会による競争法違反の調査では社内弁護士を除外しているため注意が必要です。

Ⅳ　進捗管理

　訴訟を進めるにあたっては、訴訟手続の進捗管理が非常に重要な要素となります。日本では、裁判所が主体となって期日を定めていきますが、米国では、多くの手続が代理人間の交渉で決定されるためより注意が必要です。さらに、米国では、高額な弁護士費用をセーブするために、主張の取捨選択を検討する場面が増えます。

POINT

1 Discovery（証拠開示手続）に注意

　米国・英国の訴訟では、Discovery（証拠開示手続）に注意が必要です。不用意に関連文書やデータを廃棄すると厳しい制裁が課せられる可能性があります。

2 文書管理の要諦

　Discovery対策として、まず最初にLitigation Hold Notice（訴訟用文書保存通知）を発信する。また、普段から文書管理規程を定め、保管期日を過ぎたものを廃棄しておくことが重要です。

3 適用対象にも注意

　Attorney-Client Privilege（弁護士秘匿特権）もDiscovery対策として有効です。ただし、国によって適用対象が異なるため注意が必要です。

4 訴訟手続の進捗管理が重要

　訴訟手続の進捗管理が重要です。特に米国では、弁護士費用をセーブするために、主張の取捨選択が求められるケースが多く見られます。

企業法務に役立つ参考文献

①関戸麦『日本企業のための米国民事訴訟対策』（商事法務、2010年）

②三輪泰右＝池田俊二＝三橋克矢『法務担当者による米国民事訴訟対応マニュアル』（商事法務、2015年）

法務の現場から　　米国民事訴訟手続

　アメリカの民事訴訟は、管轄により州裁判所または連邦裁判所で行われ、それぞれに民事訴訟規則がありますが、基本的に第一審は下図のような流れで行われます。日本の民事訴訟との大きな違いは、「Discovery（証拠開示）制度」と「陪審員裁判」です。

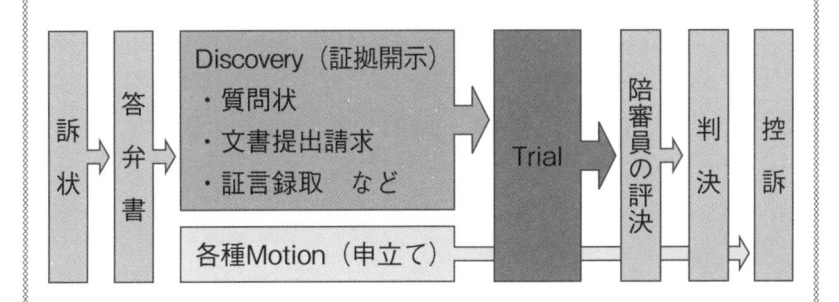

　Discoveryは、提訴後に当事者が主体となって行う証拠開示手続で、原告も被告もまずは手持ちのカードをすべて机の上に広げてオープンにしてから争うことが公平な裁判となり、真実への近道であるとの英米法の考えによります。特に米国の制度は、英国法の証拠開示手続よりも対象も広く徹底的で、当事者にとって負担が重いことが知られています。原告は、訴状や答弁で曖昧な主張を行い、Discoveryを通じて情報を集めながら争点を絞り込んでいくことが多く、日本の訴訟と違って、訴状に請求金額を記載する必要もありません。

　また、証拠開示手続に違反して証拠を捨てたり隠したりすると、重い制裁が科せられ、裁判では不利な証拠として扱われる可能性があります。そのため、米国で裁判に巻き込まれる可能性が出てくると、Litigation Hold Noticeなどと呼ばれる社内文書を発行

し、関連文書の破棄を禁止する措置を取ります。

　案件によっては、膨大な量の書類の提出が求められ、電子メールや個人のメモなども対象になります。関係する書類はすべて提出するのが原則ですが、例外として、弁護士と依頼者間のやり取りなどはAttorney-Client Privilege（弁護士秘匿特権）として開示を拒むことができます。これは、弁護士への相談において秘密が守られることを担保し、不利な内容も気にせず率直に相談できるようにするための配慮とされており、英米法独特の考え方です。そのため、文書を相手側に提出する際は、当方の弁護士が提出文書に目を通して、秘匿特権対象情報が含まれないか否かをチェックします。特に電子データは膨大なので、米国では多くの専門業者が特別なソフトウェアを使いキーワードで文書を分類するサービスを請け負っています。文書を相手方に開示するにあたっては、これらの面倒な手続が必要であり、訴訟に膨大なコストがかかる一因となっています。

　Discoveryでは、文書提出のほかにもDeposition（証言録取）が行われ、これは法廷外で証人が相手方代理人から尋問され、法廷速記者により記録される手続です。証人は事前に当方代理人からレクチャーを受け練習を経てから証言録取に臨みますが、これも時間とコストのかかる作業です。

　このようなDiscoveryは、１年以上に及ぶことも少なくなく、米国の民事訴訟手続の中でも最も時間とコスト（特に弁護士費用）がかかる手続です。米国訴訟における弁護士報酬については、成功報酬ではなくタイムチャージ制を採用することが一般的であるため、作業量が増えれば、チャージ時間がどんどん増えていきます。

　一方、陪審員裁判ですが、米国では、民事訴訟でもいずれかの

当事者が希望すれば陪審員によるTrial（公開の法廷で行われる集中的な事実審理）が行われます。陪審員は、地元住民から選ばれるため、専門的知識を持たない一般市民が、複雑な特許侵害や製造物責任についても評決を行います。そのため、専門的技術者の論理的な説明が必ずしも有効ではなく、いかに陪審員に対してわかりやすく説明するかという視点が求められます。さらに、原告または被告企業の印象、対応の誠実さやプロセスなどといった別の要素が陪審員の心証を形成する可能性もあり、予測がつかない側面もあります。特に、米国の不法行為法においては、懲罰的損害賠償が認められるため、状況によっては高額な賠償金が認定される可能性もあります。

　Discoveryの過程では、おおよその事実が双方に明らかとなり、あるいは逆に立証の難しさが見え、和解金を支払って早期決着したほうが有利であると判断するケースも多く、実際にTrialまでに至るのは数％程度のようです。特にDiscoveryでは、高額な弁護士費用の支払いのみならず、社内の業務への影響、たとえば開発担当者などに対して、本来業務を中断してDiscovery対応を要請する必要もあり、企業にとっては大きな負担となります。法務担当者としては、会社に責任はないと信じながら和解金を払うことに違和感を感じますが、訴訟大国米国でビジネスを行う上での必要経費なのかもしれません。

第11講 下請法

子会社からの連絡

「はい、法務部です」

濱田はいつもの元気な調子で内線に出た。

「法友エンジニアリング株式会社（子会社）購買担当の高田です。実は、公正取引委員会から、下請法に関する立入調査を行うという書面が届きました。このような書面を受け取るのは初めてです。どのように対応すればよいでしょうか？」

戸惑った様子で問いかけてくる高田の発言の中で、濱田は公正取引委員会という名前を聞いて一瞬ドキッとしたが、努めて普段通りに答えた。

「まず、事実関係を確認するため、書面のコピーをメールで送ってもらえませんか？　内容確認後、折り返し連絡します」

早速送られてきたメールを見ると、「下請業者との取引に関する調査について」というタイトルの書面が添付されていた。

「仲真さん、こんな書面が公正取引委員会から法友エンジニアリングに送られてきたようです」

濱田は少しうろたえながら仲真に書面を見せた。

「やっぱり、来ちゃったか。実は、毎年春ごろに、公正取引委員会か中小企業庁のどちらかから、『下請事業者との取引に関する調査について』というアンケート形式の書面が当社と主要なグループ会社にそれぞれ届くの。この書面は、回答義務があるので下請業者との取引状

況を回答するんだけど、今年は、法友エンジニアリングで二件支払遅延があったことを正直に記載したの。だから立入検査の通知が届いたんだと思うわ」

仲真は、状況を整理しながら冷静に回答した。

「確か当社グループは、年間五万件を超える支払いがあると新入社員研修で聞きました。おそらく法友エンジニアリング株式会社は、子会社の中でも結構大きな会社だから、数千件の支払いがあるはずです。その中のたった二件だけですよね。誤差の範囲と割り切って、違反なしと回答すればいいんじゃないですか？」

濱田は、思い切って反論してみた。

「そうはいかないの。もし、違反なしと回答して、違反が見つかると、違反を自主的に申告した場合と比べて大きなペナルティーを覚悟しないといけないわ。行政に対しては、ネガティブな情報も隠さずに報告していくことが重要なの。特に下請法は、行政が違反摘発を強化している分野だからなおさらよ」

仲真は、厳しい表情で濱田に語りかけた。

「濱田君、早速だけど対策会議をセットしてくれる」

仲真からの指示を受け、濱田は大急ぎで法友エンジニアリング株式会社の購買担当者に電話した。

🐦 購買担当者との対策会議

　1週間後、法友エンジニアリング株式会社の会議室で購買担当者との対策会議が開催された。

　会議の冒頭、購買担当者から、「下請事業者との取引に関する調査について」に記載した二件の支払遅延について、遅延利息を付けて支払いが完了した旨の報告があり、その他の違反は発見されていないとの回答があった。

「どのように、下請取引をモニタリングしていますか？」

　仲真からの質問に購買担当者が答える。

「毎月、事業部門ごとに下請取引のサンプルを抽出して、三条書面提出、支払遅延等をチェックしています。今回記載した支払遅延は、このモニタリングの中で発見されたものです」

「ありがとうございます。わかりました。それでは、立入検査への対応について協議したいと思います」

　仲真が会議の本題を切り出した。

「まず、提出が求められている書面は、購買担当者がドラフトを作成した後、法務部で内容をチェックします。特に、下請事業者名については、現在、下請法対象先と考えている取引先に加えて、疑わしい取引先があれば、必ず相談して下さい。立入検査で特に指摘の多い分野です」

　仲真はさらに続けた。

「当日は、立入検査専用の会議室を準備する必要があるため、会議室の予約をお願いします。また、立入検査当日に提出が求められている書類については、見やすいようにファイリングしておいて下さい」

　購買担当者から質問が飛んだ。

「当日の進行はどのような流れになりますか？」

「まず、朝一で、担当官に対して事前に準備した提出書類と法友エン

ジニアリングの事業概要について説明することになります。これは、購買の責任者である購買部長にお願いしたいと思います。その後、担当官から質問があり、質問終了後に実際の検査が始まります。検査中も質問を受けることがあるため、購買担当者は別室で待機しておいて下さい。

　だいたい検査は14時〜15時頃まで実施され、終了後に担当官から総括があります。違反が発見されれば、この席で指摘を受けます。正式な検査結果は、後日、書面で郵送されます」

　さらに購買担当者からの質問が続いた。

「当社から最寄り駅までは距離があるため、送迎はどうしますか。また、昼食はどうしますか？」

　仲真が的確に回答していく。

「公共交通機関があれば会社で到着を待ちますが、ここには公共交通機関がありません。したがって、社用車を使って送迎しましょう。事前に連絡して、担当官と駅で待ち合わせをすればよいでしょう。また、昼食は担当官が持参します。お茶とミネラルウォーターだけを準備しておいて下さい」

　約1時間にわたって対策会議は続き、最後に仲真は真剣な表情で締めくくった。

「今回の立入検査は、春に提出した『下請事業者との取引に関する調査について』で違反を申告したため行われるという考え方が有力です。ただし、下請取引先からの通報に基づいて実施されるという可能性もありますので注意が必要です。通常のモニタリングに加えて、違法な値引き等が行われていないかどうか、もう一度確認して下さい」

　ひと呼吸おいてコメントを続けた。

「それから、立入検査が入るからといって、変な小細工は一切しないで下さい。データや書類の改ざんはもってのほかです。もしそのよう

な行為が発見されれば、処分が一段と重くなります。まずは正直ベースで検査に臨みましょう」

調査終了後

「ようやく終わりましたね。お疲れ様でした」

濱田の元気な声が会議室に響いた。

「細かな指摘はあったけど、重大な問題を指摘されなくてよかったと思います。1ヵ月後くらいに、今日、指摘のあった事項を含めて検査結果が送られてきます。指摘事項に対する改善計画を作成して書面で報告しなければならないので、また対応を協議しましょう」

仲真はほっとした表情で締めくくった。

NOTE

I 下請法に関する調査とは

下請法の行政調査は、中小企業庁と公正取引委員会で実施されており、おおよそ2年ごとに担当会社を入れ替えています。したがって、通常、当初2年間は中小企業庁、その後2年間は公正取引委員会から調査を受け、このサイクルが繰り返されます。

II 「下請事業者との取引に関する調査について」とは

毎年、一定規模の会社に対して、「下請事業者との取引に関する調査について」というタイトルの書面が公正取引委員会または中小企業庁から送付されます。

報告をしない場合、または虚偽の報告を行った場合、50万円以下の罰金に処せられる可能性があるため、記載内容に注意する必要があります。

POINT

1 アンケートへの協力

　一定規模の会社に対して、毎年、中小企業庁または公正取引委員会から「下請事業者との取引に関する調査について」というアンケート形式の書面が送付されます。

2 回答義務があることに注意

　「下請事業者との取引に関する調査について」は、回答義務があり、未回答または虚偽記載があった場合は、罰金が課せられます。また、回答内容に基づき、立入検査が行われる可能性があります。

企業法務に役立つ参考文献

①鈴木満『新下請法マニュアル〔改訂版〕』（商事法務、2009年）

②長澤哲也『優越的地位濫用規制と下請法の解説と分析〔第2版〕』（商事法務、2015年）

③公正取引委員会「下請取引適正化推進講習会テキスト」（2015年）

第**12**講　育成・評価・採用・弁護士

佐々木課長の目指す法務部

　今日から9月。夏休みを終えた中高生が通勤ラッシュに拍車をかけ、混雑と残暑で朝から体力を消耗した佐々木がオフィスにたどり着くと人事部から社内便が届いていた。再来年の要員計画の提出依頼だ。

　幸いなことに法務のプレゼンスが社内でも高まっており、またニーズを経営陣も認めてくれているので、2年後は一人増員することですでに人事部からは内々の了解をもらっている。

　佐々木のもっぱらの悩みは、仲真のような「有資格者」を採るのか、それとも濱田のような「新卒」を採るのかである。

　仲真の知識量は誰の目にも明らかで、また法律に慣れているので勘がよく、知らない法律でも要領よく調べることができる。また、法的論点から思考を始める習慣が身についており、考え方も説明も論理的だ。

　一方、濱田は濱田でよいところもある。今はまだ法律の知識はそれほどではないが、素養はあるのでしっかり勉強すればすぐに仲真と同じレベルまで達してくれるだろう。有資格者が持っている法知識のうち企業法務で使えるものは限られているし、必要な法律を実務とともに覚えてもらえばそれで十分だ。また、新卒のほうが間口が広いのでいろいろな個性を持った若者から選ぶこともできる。濱田は人との付合いがとても上手だ。法務の仕事は他部署との良好な関係なしには成り立たないので、このキャラクターは大きな財産であり、またメン

バーにもよい影響を与えてくれている。そういった意味で、有資格者も新卒もいる今の法務部はバランスが保たれていると佐々木は思っている。

　いろいろ悩むところはあるが、佐々木の腹の中は、何となく新卒に傾いていた。これから法務の知名度をさらに高めるためには、もっと社内の人に法務を知ってもらって、法務に気軽に相談してもらわないといけない。相談を受けたら、あとは自分や仲真がきちんとした回答を指導すればいい。濱田も多少は役立つだろう。人間関係を上手に築くことができる元気な新卒を採って、部内と社内に活気を与えてほしい、佐々木はそう考えていた。

　一方で、新卒を採るとなると、濱田を今後どのように育成していくかも考えないといけない。大きな方向性として、このままずっと法務に置いておくのか、それとも30歳ぐらいを目途に他部署に異動させるのか。他部署に異動させるといっても、あくまでその後の法務でのキャリア形成のための「修行」としての位置付けだ。経理部門に行って会計や税務の知識と実務を身につけてもらえばM&Aや株主総会業務にも役立つ。また、労務問題も今後は重要だろうから、人事部で実務を経験してもらうのも有効だ。内部統制の視点では、監査業務も面白いかもしれない。

　ただ、残念ながらこちらの都合だけでは異動は成立しない。あくまで受け入れてくれる部署があっての話だ。これまでの経験では、受入れ部署に濱田が与えるものがない限り、なかなかこの「修行異動」は実現できないのが実情だ。もちろん本人の希望もあるだろう。佐々木は、この折合いがつくのであれば、数年後には濱田に別の部署でがんばってもらうことも考えている。

　しかし、異動して他業務を経験することは、実現できたとしても一〜二の部署が限度だ。そこで佐々木は、常々から法務の日々の業務を通じて現場を知ること、他部署の仕事を知ることを意識するようにメ

ンバーに言い聞かせている。

「企業法務は、法律の知識を相談者のニーズに結び付け、それを相談者にわかりやすく伝えることが最も大切な使命」

これが佐々木の持論だ。ニーズを聞いて、関連する法律を適用して、無理なら無理で一緒に別の手を考える、大丈夫であってももっとよい手がないかどうかを考える、そんな部署でありたいと思っている。そのためには現場をよく知っていることが前提だ。

佐々木は、案件があるたびに、しっかりとヒアリングをするように日々指導するとともに、現場を見て、現場の人と話ができるように、意図的にセミナーを工場や営業所で開催するようにして、そういった機会を創出してあげることを心がけている。

仲真の悩み──濱田の育成

その日の午後、珍しく仲真が「ちょっと相談があります」と言って佐々木を会議室に呼び出した。

「お忙しいところすみませんが、自分でもどう考えたらいいのかわからなくなってきたんです。最近、濱田君が法律の勉強をしているんです」

佐々木は、仲真の意図がよくわからなかったが、しばらく黙って聞くことにした。

仲真は続けた。

「いえ、すみません。言葉足らずでした。勉強することはいいのですが、就業時間中に勉強しているんです。私は、それは会社を出てからすべきことであって、社内ですべきではないと思うんです。佐々木さんはどう思われますか？」

佐々木はやっと理解できた。

「基本的には仲真さんの考えている通りでいいと思うよ。抱えている

案件に対応するため、個別の調べものをするのは業務として当然だし必要だと思うけど、民法の教科書を一ページ目から読み始めるのは違うだろうね。それは自己啓発の領域であって、業務じゃないだろうね」

仲真は佐々木に賛同してもらった嬉しさを隠さなかった。

「そうですよね、わかりました。濱田君に伝えます。ついでにお聞きしたいのですが、濱田君は法務部員としてはまだまだ始まったばかりですが、どうやって指導していけばいいのでしょうか？　自分で考えさせるよりも、一から十まで教えてあげて仕事をしてもらうほうが早いでしょうし、本人も喜ぶと思うのですが、それではいつまで経っても成長できないと思うんです。彼は一生懸命やっているので、何とかしてあげたいのですが……」

仲真の熱意に感心しながら佐々木は言った。

「育成はとても難しいね。ただ、会社としては基本的なことを学ぶことができる場を提供してあげることはしなくちゃいけないだろうね。まったく一から自分で勉強しなさいというのも効率が悪いだろうから、外部の新人担当者向けセミナーに参加させてあげるとかは必要だと思うし、経験がないのは当たり前なので、それを補っていくことは先輩の務めだろうね。

たとえば、同じような事案にこれまでどのような対応・判断をしたか、関係者は誰か、相談者がどういうタイプの人か、どういう根回しが必要か、そういったことは本人が調べられるものではないのできちんと教える必要がある。過去の対応記録なんかは理想的にはデータベースになっていたらいいんだけど。過去の対応・判断の部分をしっかり補ってあげないと、『若手じゃ何もわからないから上の人に相談しよう』といった感じで本人が社内で信頼されなくなってしまうし、『法務は人によって言うことが違う』と言われて法務自体の信頼感が落ちることになってもまずいしね。

そして、法律のことをどこまで教えるか。そうだね、どの本を見た

らわかるかといったような、調べる方法ぐらいは教えてあげないと、仕事が進まなくて本人も嫌になってしまうかもしれないね。中身はもちろん自分で勉強してもらうけど。そうしないと自分のものにならないからね。あとは、彼が審査した契約書とかを見て、コメントする場合は『なぜダメなのか』をしっかりと説明して本人を納得させてあげることは大切だと思うよ。そのときに、関連する情報を教えてあげたり、応用問題を出したりしながら会話してあげるのがよいだろうね。

難しいのは、どのタイミングで確認するのか。よくある問題だけど、たとえば契約書の審査を若手がずっと一人で進めていて、最後に上司がチェックして中身が大幅にひっくり返ること。相談者としてみれば『何をいまさら言い出すのか？　だったら次回からは若手には相談しない』ってことになりかねない。かと言って、毎回相談者に返すたびにチェックすると時間がかかって相談者から『まだですか？』ってことになってしまう。この加減が難しいんだよね。これは後輩の技量を見ながら臨機応変に、としか言いようがないね」

自分の想いを語った佐々木は、仲真の眼を見ながら最後に付け加えた。

「ただ、これはあくまで私の考えにすぎないからね。甘いととらえる人もいるだろうし。仲真さんは仲真さんで、自分流の考えでやってくれたらいいから。結局は相手を見ながら、ということに尽きるんだけど、優しさと厳しさをうまく使い分けて、本人のモチベーションが上がるようにするのが大切だね。本人がやる気を出して、仕事を面白いと思って、自主的に動いてくれないことには何も始まらないんだから」

仲真はしっかりとうなずいた。

仲真が職場に戻ると、法務でただ一人席にいた濱田が頑固で有名な品質管理部長である代々木の相談に対応していた。泣きそうな目で仲真に助けを求める濱田を見て、仲真は「早く一人前になってもらわないと私が大変。心を鬼にして指導しよう」と改めて認識するのであっ

た。

⚘マネジメントノート

席に戻った佐々木は表紙に「マネジメント」と書かれたノートにこう記した。

「9月20日：仲真さんから教育、指導の相談あり。自分の考えを一通り伝える。今後、仲真さんが自分流でどう表現するか。マネジメントにも目を向けてくれている」

佐々木は部下それぞれについて、よかったところ、悪かったところをこまめにメモするようにしている。毎年苦労する期末評価のためだ。おそらく、どこの会社の法務でも、部員の評定には頭を抱えていることだろう。営業部隊と違って、数字で評価することができないからだ。大型のプロジェクトがあってそれで大きな貢献があったとか、逆に大きな手続ミスをしたということならわかりやすいが、通常の業務の中で一体どうやって点数をつけるのか？

しかも、仕事はある程度社内の動きに連動しているので、運がいい、悪いもある。仕事の質は一つの要素だろう。しかし、似たり寄ったりの場合はどうやって順位をつければいいのか？　ただ、そうは言っても、1年に一回、評価して順位をつけないとならない。佐々木はできるだけ客観的な評価ができるように、職位ごとに求められる知識、スキルをまとめた自分だけの評価シートを作っている。これに基づいて達成度をある程度定量的に評価し、そこに社内からの評判、目立った活躍等を加点して評価するようにしている。

ただ、実際にはそれほど容易なことではない。佐々木は人事評価がすべてだとは思わないが、本人のモチベーションの上げ下げにそれなりのインパクトがあると考えているので、できるだけ客観的で定量的で、誰にも説明ができる評価を目指して、普段からメモを残している

のだ。

　この日は比較的仕事も落ち着いていたので、佐々木はマネジメント
ノートを入れた引出しに鍵をかけ、濱田が見た契約書に赤ペンを入れ
ている仲真に「お先に」と一声かけて定時に職場を後にした。エレ
ベーターホールにはそわそわしながらスマホをいじっている濱田がい
た。
「お、濱田君、今日は何かいいことでもあるのか？」
「あ、佐々木さん。は、はい、そうなんです！　昨日の合コンの女の
子から連絡があって、これから同期と一緒に会うことになっているん
です。仕事は明日がんばります！」
　佐々木は濱田から若さと元気をもらったような気持ちがしながらも、
「やっぱり自分は甘いかな」と指導のあり方を考えていた。

NOTE

I　有資格者か新卒か

　企業法務での活躍を希望する有資格者も増えてきており、各社においても
新卒だけではなく、有資格者も採用の対象とできるようになり、人材の選択
も広がってきました。佐々木課長が悩んでいたように、一番大切なのは会社
がどういった人材を求めているかを出発点として個社ごとの構成員のバラン
スも含めて考えることかと思いますが、実務的にはほかにも考えることがあ
ります。
　たとえば、有資格者を採用する場合、処遇・就業面では弁護士会の会費の
負担は本人か会社か、当番弁護士、国選弁護人、委員会活動時の出勤扱いは
どうするのか、資格の手当てを出すのかどうか、労働組合への加入はどうな
るのかといったこと、育成面では入社後の研修がどのように行われるのか、

将来他部署への異動もあるのか、といったことも事前に人事部門と確認しておく必要があります。特に処遇については、差をつけると他のメンバーとの軋轢につながるかもしれませんし、そもそも資格を有することが企業法務にどれほどの貢献をしてくれるかも考えないといけません。その一方で、あまり処遇が低いようでは優秀な人材を取り損なうこともあるので、このあたりのバランス感が難しいところです。

　また、入社時期も考えなければなりません。有資格者なら司法修習を終えて1月から入社可能、新卒なら通常は4月になります。たとえば、6月の株主総会を担当させたいのであれば、4月より1月から入ってきてもらったほうが助かるといった点も考慮が必要でしょう。

Ⅱ　法務部員の他部署との人材交流

　新卒でいきなり法務部に配属させている会社もあれば、法友電気のように営業や生産現場等の他部署を経験してから法務部に異動させている会社もあるかと思います。また、いったん法務に来たらほとんど異動の機会がない会社もあれば、定期的に他部署に異動することをルールにしている会社もあります。それぞれに良さはあるでしょうが、現場をわかっていない法務部員は、どうしても実際に仕事を前に進めるためのアドバイスよりも理屈中心になってしまう傾向にあります。異動だけではなく、何らかの方法で現場を知る機会を提供することは上司の役割の一つであるといえるでしょう。

　一方で、社内から法務知識のある人材を確保するのはなかなか難しいのも現実ではないでしょうか。その場合は、他部署ではなく、他社から人材を獲得するのも選択肢として挙げられます。法務の仕事は、メーカー同士、金融同士、流通同士といったように同じ業種内であれば、それほど違いはないかと思われますので、キャリア採用を積極的に行って、即戦力を確保し、多様性を高めるというのも一つの選択肢として考えてみてはいかがでしょうか。

Ⅲ　知識と実務能力のマトリクス表

　企業の法務部員として必要な知識と能力とはどのようなものでしょうか。

当然、法律の知識だけではなく、それを伝える能力も必要ですし、そもそも事案を正しく理解する力も必要です。他にもいろいろな能力が必要かと思います。これらを整理しておくと、メンバーの習熟度を客観的に理解できますので、日々の教育・育成においても、また上司がメンバーを評価するにあたっても有効であると思います。経営法友会では法務組織運営研究会（第2期）において「知識と実務能力のマトリクス表」を作成していますのでご紹介します（142頁）。

POINT

1 法務部員を客観的に評価をするには工夫が必要

法務部員を、いかにして客観的、定量的に人事評価するかは難しい問題です。評価基準を作成するなど工夫して、できるだけ納得感のある評価ができるようにしなければなりません。

2 多方面から人材を確保して部の活性化を

法務部は、有資格者、転職者など、人材の多様化には比較的取り組みやすい部署です。この特性をうまく生かして、部署を活性化するのも一案です。

3 本人のやる気を引き出す教育、指導を

法務部は専門的な仕事が中心なので、部員（特に若手部員）の育成、教育は独自のやり方を考えないといけません。外部セミナー等の「面」の対応と、OJTによる「点」の対応とをうまく組み合わせ、そして何より、本人の意識、自主性、やる気を引き出してあげることが大切です。

企業法務に役立つ参考文献

迫本淳一ほか「＜特集＞経営から期待される企業法務の機能とそれに応える法務人材について──第18回経営法友会大会ハイライト」NBL1042号（2015年）

知識と実務能力のマトリクス表（経営法友会 法務組織運営研究会作成）

分類	項目	能力の内容	要求レベルおよび要件		
			ジュニア	ミドル	アドバンスト
知識群	基礎法律知識	法務部員であれば理解しておくべき基本法に関する知識	基礎法律群のなかでもコアな法律の知識	基礎法律群の知識	基礎法律群の知識（判例動向や法律解釈の近時の傾向についても理解している）
	業法知識	各社の事業を規制し，または支える業法に関する知識	業法の対象を把握し，基本的な知識を持っている。	業法における自社のメリットとデメリットを理解している。	監督官庁の規制への態度（通達レベル）まで精通している。
	専門法律知識	専門法分野の法律知識（M&A，投資，知財，競争法など）	必要な法分野を把握し，基本的な知識を持っている。	提案されたスキームに関する法的な評価ができる。	スキームを実現できる実施案を提案できる，または，提案されたスキームを評価し，必要により代替案と比較検討，提案できる。
	実務手続法知識	会社設立，訴訟関係，登記関係の手続系の実務法律知識	会社設立および商業登記手続を誤りなく処理できる。	代理人弁護士と協調して訴訟進行を管理できる。	会社設立のスキーム提案ができる。代理人弁護士に指示して，訴訟戦術を設計できる。
	国際法律知識	国際契約，海外案件対応に必要な法律知識	必要な国の法制度や取引法についての基礎的知識（日本法との違い含む）を持っている。	現地弁護士の助言を理解し，上長等の指導を受けながら契約審査や案件対応ができる。	案件の主担当として必要に応じて現地弁護士を活用して処理できる。

OJT の具体的な手法（グループ参加会社の実例より）

- ■法律知識の獲得を支援・奨励する。
- ・基本判例，要件事実・立証構造に関する部門内向け勉強会を定例で開催する。
- ・実務法務系資格取得を奨励し，目標として設定させる。
- ■業務上常に法律を意識させるように指導する。
- ・六法の携行を徹底する。
- ・契約書等のレビューや契約案件の報告の際，法律規定についての説明，調査，確認を求める。
- ・特別法（業法）の適用のある分野では，一般法との要件等の相違の把握を求める。

- ■具体的事案の実務経験を通じた知識獲得を促進する。
- ・官公庁に問い合わせて得た回答の記録をまとめさせる。
- ・業法解釈が関係する場合は，すべての規律（法律から政省令，通達，実務指針等）を網羅的に確認して対応することを徹底する。
- ・類似の既存案件があったとしても，常に業法規制および根拠法規の確認を怠らないようにする。
- ■業務のアサイメントにより必須の知識としての習得を求める。
- ・監督官庁対応を担当するチームにアサインし，監督官庁対応（審議会参加）や業界団体事務局業務を担当させる。
- ・業法に関連する業務を特定の担当者に集約し，そのローテーションを通じて業法に精通している担当の育成を図る。

- ■各人が習得すべき専門法律分野を明確にする。
- ・面談においてどの法律を集中的に学習すべきかを指導する。
- ・各人の担当分野を定めて，継続的に法改正，判例の動向等の法律調査を行わせる。
- ■関係部門への情報発信を通じて知識習得を促進する。
- ・社内セミナーの講師役を担当させ，その資料作成，予行演習を通じて理解度の確認および改善を指導する。
- ・社内向けニュース記事の起案や執筆を行わせる。
- ■業務のアサイメントにより必須の知識としての習得を求める。
- ・特定の法令に関連する業務を特定の担当者または複数の担当者による PJ に集約し，集中的に業務を担当させる。
- ・M&A などの投資案件については，一定の経験および基礎法知識がある者を PJ に参加させ，実地の経験を通じて指導する。

- ■法律知識の獲得を支援・促進する。
- ・民事訴訟等紛争解決の法的な手段および手続に関する部門内向け説明会を定例で開催する。
- ・会社設立等の手続に関するマニュアルやチェックリストの作成を担当させる。
- ■実際に手続業務を担当することを通じた知識獲得を促進する。
- ・会社法手続を経験させる。
- ・訴訟案件については，法務以外の部門も理解できるように，要点整理を行わせる。

- ■専門家等も活用して知識習得を支援する。
- ・外部講習に参加させる。
- ・出向弁護士とのペアワークや海外子会社の法務担当によるセミナーを実施する。
- ・国際案件担当チーム内で勉強会を実施する。
- ■より丁寧な個別の案件フォローを実施する。
- ・英文契約について表現レベルや条文背景，構造まで説明し，指導する。
- ・英文ドキュメント（契約書に限らず）は，和文よりも徹底したレビュー（赤入れ）を行う。
- ■自立を促す。
- ・一定のレベルに達していれば，最初はフォローしつつ，主担当として自分一人で担当することをコミットさせる。

分類	項目	能力の内容	要求レベルおよび要件		
			ジュニア	ミドル	アドバンスト
実務能力群	事業理解	自社の事業の収益構造，法的構造への理解	自社の事業の収益構造や法的構造の基本を理解している。	自社の事業の収益構造や法的構造の強み，弱みを理解している。	自社の収益構造や法的構造にインパクトを与える状況の変化を察知できる。
	語学力	日本語以外の業務上必要な言語（「外国語」）を使える力	外国語の契約その他の文書を理解し，簡単な修正ができる。	外国語の契約その他の文書のドラフトができ，書面であれば相手に説明できる。	外国語で主体的に交渉できる。
	事務処理能力	担当案件を正確かつスピーディに処理する力 スケジュール，段取り力	担当する案件を正確に処理できる。上長等の進捗確認を受けながらスケジュールどおりに案件を進めることができる。	担当する案件を正確かつスピーディに処理できる。自ら主体的にスケジュール管理ができる。	担当する案件の進捗に影響する関係者の進捗にも配慮して処理できる。
	論理的思考力	法的な知識に基づく思考フレームワークを持っていること 未知の課題に対して既存のフレームワークを応用する力	法的な知識に基づく思考ができる。	未知の課題に対しても既存のフレームワークを応用して対応できる。	関係者の思考フレームワークを理解して，その適否を判断し，必要により是正することができる。
	洞察・想像力	現実的にリスクを推論する力 自己の判断がもたらす反作用，副作用を把握する力	発生する可能性のあるリスクをもれなくリストアップできる。	発生する可能性のあるリスクから現実的に対処すべきリスクを抽出することができる。	自己の判断がもたらす反作用，副作用も考慮して，現実的に対処すべきリスクおよびその大きさを評価できる。
	情報理解力	論理思考と洞察・想像力に基づき全体把握をする力 収集すべき事実を整理する力 現地現場現認により収集する能力，聞き出すヒアリング力 収集した事実の整理および分析力	上長等から指示を受けて必要な事実を収集することができる。	担当する案件の判断に必要な事実を整理して，ヒアリングなどにより収集することができる。情報のありかを理解している。	収集した事実および情報に加えて，過去の経験則から導かれる適切な推論を加えて整理，分析して解決すべき課題を抽出できる。
	リソース活用力	担当業務を正確かつスピーディに処理するために必要なリソース（知識や情報）を発見するリサーチ力 人的関係（人脈）も含めてリソース源を開拓，確保する力	法的な領域において必要なリソースをリサーチすることができる。	リソース（情報）のバイアスも含めて理解し把握することができる。担当する業務の解決に必要なリソースを適切に選択することができる。	必要なリソース源を積極的に開拓して活用することができる。自社にとって有用なリソースの活用が戦略的にできる。

OJT の具体的な手法（グループ参加会社の実例より）

■会社としての情報発信を活用する。
・会社が実施する体系的な講習に参加する。
・社内の情報発信（イントラなど）から，法務視点で重要な情報を指摘して共有する。
■個々の事案を通じて事業理解を深める。
・個々の案件指導において，上長が把握している状況を共有する。
・事業部門へのヒアリングにおいて，事業および経営視点での背景ヒアリングを行わせる。

■語学習得のインセンティブを設ける。
・TOEIC の点数を昇格要件，海外出張要件とする。
・TOEIC の点数に応じた奨励金を支給する。
■語学習得の必要性を体感させる。
・英語を必要とする業務や案件を担当させる。

■全体俯瞰を意識させる。
・最終ゴールをイメージさせたうえで，具体的な進め方へブレークダウンさせる。
■いまやるべきこと，次の一手を常に意識させる。
・マルチタスクであることを前提に，毎日，今日の最優先事項を棚卸ししてから業務に着手させ，タスク
　管理を意識させる。
・常に，「誰が何をやる」を明確にする指導を行う。

■報告をする際にフレームワークを意識させる。
・IRAC（Issue, Rule, Application, Conclusion）により報告させる。
・図示化して説明することを求め，全体俯瞰を理解させる。
■徹底して「考える」ことを求める。
・「なぜ？」という問いを常に投げかけ，自らロジックを組み立てて説明を返すことを繰り返す。

■「対話」の中で気づきを得させる。
・ブレストにより他者の視点を学ぶ。
・上長との意見交換や上長や先輩から質問し，自ら収集した情報や事案分析，リスク評価のプロセスに過
　不足がないかを点検する機会を作る。

■必要な情報のヒアリングを徹底させる。
・嫌がっても，必要な情報のヒアリングを繰り返させる。
・質問を通じて，必要な情報が何かを気づかせる。
■効果的な情報の収集を支援する。
・必要な情報のありかを教える。
・情報の集め方の「観点」を示してヒアリングを行わせる。
・上長としてヒアリングの実際を見せる。

■活用すべき情報やリソースの環境を整える。
・社内 DB，ツール，書籍など，活用すべき情報の収集に努める。
・業務上活用すべき情報やリソースのありかを教え，活用することを促す。
・特に人的な情報源については，「誰に確認するとよい」というアドバイスを与える。
■情報やリソースの活用の仕方を教える。
・情報であれば，誰から，どこからの情報なのか確認し，その情報の背景にある事情への気づきを与える。

分類	項目	能力の内容	要求レベルおよび要件		
			ジュニア	ミドル	アドバンスト
実務能力群	課題解決能力	提案された解決策を評価する力 現実的かつ妥当な代替策を提案する力	提案された解決策の法的な適否の判断ができる。	提案された解決策の法的な適否および事業的な妥当性について判断できる。上長等の確認を経て実施策（または代替策）の立案ができる。	法的にも事業的も妥当で，実現可能な実施策（または代替策）を提案できる。
	文章力	契約文書を起案する力 文書により法的見解を表明し，伝える力 難しいことを平易にポイントを押さえた簡明な文章により起案する力	上長等のレビューを経て適切な文章（メール含む）によるコミュニケーションができる。標準的な取引の契約書でひな形があれば間違いなく起案できる。	標準的な取引の契約書のひな型を転用する案件であれば自立的に起案できる。新規のスキームなど最初から起案が必要な契約書を上長等のレビューを受けて起案できる。	相当に複雑な案件の契約書を起案できる。契約書起案の指導ができる。
	説得・交渉力	口頭により法的見解を表明する力 論理的に説明して説得する力 リアルタイムの状況変化に応じて臨機に交渉を進める力	日常の口頭コミュニケーションで正確に法的な見解を伝えることができる。上長等のサポートとして交渉チームに加わることができる。	上長等のサポートを受けつつ，交渉役を務めることができる。	担当案件の交渉役として，関係者と組成する交渉チームに法務を代表して参加できる。
	判断力	経営理念と方針に基づいて判断する力 法的な正しさと実務的な妥当性，合理性のバランスがとれた判断をする力 リスクと利益のバランスがとれた判断をする力	経営理念と方針を理解している。法的な正しさ，自社の利益に資する判断ができる。	法的な正しさ，自社の利益だけでなく，実務的な妥当性や相手方の利益も考慮して判断できる。	上長，関係者を納得させられるバランスのとれた判断ができる。
	行動力	主体的に担当業務を推進する力 関係者を巻き込む力，巻き込まれて協力する力	担当する案件を最後までやりきることができる。	担当する案件の関係者を把握し，協働しながら主体的に処理することができる。他者の案件に関係者として解決に貢献できる。	担当する案件の関係者が多数の場合でも，調整しながらプロマネ的に案件を進めることができる。

OJTの具体的な手法（グループ参加会社の実例より）

■ 解決策の提案へのこだわりをたたき込む。
・常に解決策を提案することや，事業部門と解決策を見出す努力を求める。
■ 解決策の妥当性を意識させる。
・法的に正しいだけでとどまらず，事業的に妥当か，現実的に実行可能か，まで深堀して判断することを求める。

■ 起案の枠組みを提示する。
・ジュニアレベルには，何を盛り込むべきか，枠組みを示す。
・ひな型や過去の類似案件の書式を提示して，その書式の構造を理解させたうえで，活用させる。
■ レビューを通じて段階に応じたフィードバックにより改善を図る。
・とにかく多くの文書の起案をさせ，レビューを行う。
・段階に応じて，リライトから観点指摘を使い分けて指導する。

■ 折衝・交渉の経験をさせる。
・会議や交渉の折衝役を担当させて，その振り返りを行うことで改善を図る。
・同席させる場合は，あらかじめどのような折衝，交渉を行うのかをインプットしてから「見せる」。
・部門外との調整も要する案件をリードさせる。
■ 折衝・交渉につながる口頭コミュニケーションのトレーニングを行う。
・部内会議などでのスピーチ当番を持ち回りさせる。
・会議ファシリテーションのラーニングを受講させる。

■ 判断を示すことを求め，判断の理由を理解させる。
・判断を避けているようなら，まずは，担当としての判断を行わせ，その理由の説明を求める。
・すでに判断を持っているのであれば，その理由を説明させたうえで，異なる視点を指摘して再考させる，あるいは異なる視点での判断とその理由を説明する。

■ 行動を起こすことを後押しする。
・こまめな進捗確認を通じて，行動することを求める。
・より能動的な行動により業務を遂行することを求める。
■ 行動が必要な場面に直面する業務を経験させる。
・自分だけで行うのではない業務，他部署との接点のある業務を経験させる。

法務の現場から　一人法務

　法務部門と一言で言っても、その規模、成り立ち、会社における位置付けなどさまざまです。本書では、中規模の法務組織を舞台にベテラン、中堅、若手がそれぞれに活躍するストーリーになっていますが、経営法友会による第11次法務組織実態調査においては、法務組織の規模は平均で8.8名、中央値４名であり、１～４名規模の企業が回答企業の半数を超え、法務担当者が１名（いわゆる一人法務）という会社は11％ほどを占めるという結果でした。世の中的に法務部門の認知度が上がり、必要性が認識されたといっても、多くの企業においては、いまだ法務部門の人員はごく少人数で、場合によっては他部門との兼任担当者のみで法務機能を担っているという現実があります。

　一人法務たるゆえんは、もともと訴訟やクロスボーダー案件等がほとんどなく法的リスクが少なかったといった経緯が考えられますが、世の中の流れとしてのガバナンスやコンプライアンスの要請など、企業として法務部門の活躍すべき領域は広がっており、法務組織の規模に関係なく対応せねばならない事柄は増えています。そのような流れの中で、契約審査から株主総会対応、知的財産権の管理、役員・従業員向けのコンプライアンス研修、内部通報窓口の対応、場合によっては危機管理やM&Aのプロジェクトメンバーといったことまでをすべて一人で対応しているという法務担当者も少なくありません。

　社内におけるノウハウの蓄積やその分野の上司や先輩のアドバイスがない中で、大規模の法務部門が創出するような高い水準のアウトプットを出すことは、非常に難しいことですが、経営法友会のような団体への参加、他社の法務担当者からの情報収集、ま

た顧問弁護士や専門業者をはじめとした外部リソースの有効活用等により、自社にとってのツボを押さえたベターな対応を行っていくことが求められています。

　一人法務は、役職や肩書に関係なく、社内における法務の代表です。ときには社長や役員から法務としての意見を求められ、またあるときは法務の立場で会社における将来の体制や事業をデザインしたりと、重責を感じることもあるかもしれませんが、それをやりがいと感じ、自分が会社を背負って立つという気概で日々の仕事に邁進している方も多いのです。

第13講 競争法

◉ 英国会社からの内部通報

　雲一つない秋晴れの朝、濱田がいつもよりも早くオフィスに到着すると、仲真が難しい顔でPCの画面を眺めていた。

「仲真さん、おはようございます」

「あっ、濱田君ちょうどよかった。今日の18時からTV会議ができる部屋を予約してくれない？　相手はロンドンの法律事務所で、IPアドレスは後でメールしておくわ」

　濱田は、何かあったなと感じつつ、自分の席についた。

「仲真さん、会議室を予約しました」

「ありがとう濱田君。早速だけど、今から打合せできる？」

　仲真は、半強制的に濱田を打合せスペースに連れ出し、難しい顔で濱田に語りかけた。

「実は、先週、英国子会社の従業員から内部通報があって、今、外部の弁護士事務所を使って調べているの。通報の内容を簡単に説明すると、当社の従業員が頻繁に業界団体の会合に参加して、製品の値段や販売数量に関する情報を交換しているという内容なのよ。もし、それが事実であれば、直ちにリニエンシーを検討する必要があるの」

「なるほど、いわゆるカルテルの疑いってやつですね。でも、うちの加入しているヨーロッパの業界団体は公式な団体だし、情報交換のレベルであれば、そんなに厳しい状況ではないですよね」

　濱田は、1ヵ月ほど前に、独占禁止法のセミナーに参加し、公正取

引委員会のカルテル合意に関する
認定についてちょっと勉強してい
た。

「濱田君は甘いわね。EU競争
法の違反行為には、Concerted
Practice（協調行為）というもの
があって、情報交換自体が反競争
的な行為とされているの」

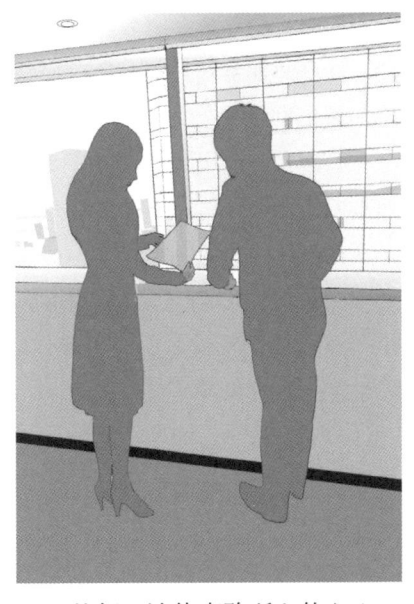

　仲真の厳しい表情を見て、濱田
は事態の深刻さを悟ると同時に、
参加したセミナーの講師が、カル
テル認定は国によって差があると
言っていたことを思い出した。

「ところで仲真さん、今回の調査になぜ外部の法律事務所を使うんで
すか？　ロンドンは弁護士費用が高いですよね。できるだけ社内で調
査をしたほうがコスト的には安く済むのでは？　それに、従業員から
のヒアリングは従業員が行ったほうが本当のことを話してくれる気が
します」

　いつも仲真から、社外弁護士に頼りすぎるなという指導を受けてい
る濱田は、ちょっと反論してみた。

「濱田君、Attorney-Client Privilege（弁護士秘匿特権）を知ってい
る？」

「はい、米国の特許訴訟をサポートしたときに教わりました（第10
講）。確か、依頼者と弁護士との会話や相談内容は、秘密が担保され
ていて、Discovery（証拠開示手続）の対象にならないという話だった
と記憶しています」

「その通りよ。欧州にも同じ考え方があって、欧州委員会が競争法違
反で調査を行っても、企業は、Attorney-Client Privilegeで守られた文

書を提出しなくていいの。でも、欧州委員会の認定は米国よりも厳格で、社内弁護士は対象とならないの。だから、費用がかかっても外部の弁護士事務所を使わざるをえないのよ」

そのあと、濱田と仲真の打合せは1時間ほど続いた。この打合せを通じて、濱田は、日本はなぜ弁護士が少ないのか理解できたような気がした。

確かに、Discovery やAttorney-Client Privilegeのような制度が日本にあったら、弁護士の仕事量は、格段に増えるよな。いいビジネスチャンスだよね。

打合せの終盤、仲真は濱田に指示を出した。

「濱田君、当社には、競争会社との接触報告制度というものが導入されていたわね。ヨーロッパ全域の提出状況を調べておいてくれる。できれば夕方の打合せに間に合わせたいけど、現地との時差を考えると無理ね。できれば、明後日の朝までに調べておいてくれる」

仲真はそう言い残すと、打合せスペースから去っていった。

NOTE

Ⅰ Concerted Practice（協調的行為）とは

欧州連合の機能に関する条約（Treaty on the Functioning of European Union）は、101条で競争制限的協定（カルテル）・協調的行為、102条で市場支配的地位の濫用行為を規制しています。

カルテルは、事業者同士が競争制限的な合意を行うことで成立しますが、協調的行為は、合意が形成されなくても、事業者同士が意識的に協調して競争を避けようとした場合に成立します。

つまり、合意の段階には到達していないが、事業者同士が意識的に競争を避けるために協力を行った場合、協調的行為が成立します。

　たとえば、事業者同士が情報交換を行っただけでは、競争制限的な合意が形成されたとまではいえませんが、協調的行為があったと認定される可能性はあります。

Ⅱ　リニエンシー

　カルテルに関わった企業が自己申告を行えば、制裁金、罰金、刑事罰などの減免または免除が受けられる制度で、各国で導入されています。

　申告した順番によって、減免または免除の範囲が大きく異なるため、申告にあたっては時間が勝負となります。

Ⅲ　競争会社との接触報告制度

　競争法の観点から、営業担当者が競争会社の営業担当者と接触を持つことは、非常に危険な行為です。

　ただし、日常の営業活動の中で意図せず競争会社の営業担当者と接触する機会は、数多くあります。また、カルテルの温床となりがちな業界団体の会合に参加する必要もあります。

　このような背景の下で、競争法違反リスクを軽減するため、競争制限的行為を行っていないことを証明するための資料として、競争会社との接触を報告する制度を導入する会社が年々増えています。

　競争会社との接触報告制度を導入する場合、事前報告と事後報告を組み合わせるケースが一般的です。

　たとえば、業界団体会合への参加等、事前に競争会社との接触が明らかな場合は、会合参加前に事前報告書を提出して会合への参加承認を得るとともに、会合参加後に競争制限的行為がなかったことを事後報告書で報告します。また、予期せず競争会社との接触があった場合は、事後報告書のみを提出します。

POINT

1 Concerted Practice（協調行為）に注意

Concerted Practice（協調行為）に注意。合意に至るプロセスの中で、相当に早い段階でカルテルが認定される可能性があります。

2 競争会社との接触に注意

競争会社との接触に注意。営業担当者が競争会社の営業担当者と接触をもつことは非常に危険な行為であり、カルテルを予防するためには接触を管理する制度が必要です。

|企業法務に役立つ参考文献|

経営法友会 法務ガイドブック等作成委員会編『欧米競争法ガイドブック』（商事法務、2009年）

第**14**講 コンプライアンス

■濱田、コンプライアンスに目覚める!?

「なぁ濱田、お前コンプライアンスのことってわかるか？」

　社員食堂でランチを一緒に食べていた浜松が聞いてきた。食堂の壁には「10月はコンプライアンス強化月間。あなたのことを、皆見てますよ！」という啓発ポスターが貼ってある。浜松は同期入社で東海エリアの営業を担当している。今日は本社で営業会議があるので、二人は待ち合わせて一緒に食事をしていた。10月初旬の割にはずいぶん気温が落ち込んでいる日だったため、偶然にも二人とも温かいそばを選んでいた。

　濱田はコンプライアンス業務は担当しておらず、実はよくわかっていなかったが、いつもの口調で「大体のことならわかるよ。どうかしたのか？」と答えた。

「ここだけの話なんだけど、うちの上司が不正な会計をしているんだ。この前、その上司が『皆、普段がんばってくれてありがとう』と言って、営業所の若手何人かを飲みに誘ってくれて、普段は絶対行かないような高級な料亭に連れていってくれたんだ。翌日、俺が会計部門に用事があって行くときに、ついでに営業部の会計伝票もまとめて持っていったんだけど、途中のエレベーターの中で何気なくその束を見ていたら、その料亭の精算があったんだよね。『いったいいくらかかったんだろう』って興味本位で見てみたら『下田商事の営業部長ほか七名を接待』って書いてあって、全部交際費で精算していたんだ。びっ

くりしたよ。ただ単に身内で飲みに行った支払いだぜ。これって、まずいよね？」

「そ、そりゃマズイよね。そんなことって、ほんとにあるんだ……」と、ただ驚いているだけの濱田に、浜松が「あのなぁ濱田、お前は本社の、しかも法務っていうおカタい部署にいるからピンとこないかもしれないけど、本社から遠くなると、きちんとできていないこともそれなりにあるんだぜ。ただ、これは明らかに不正だよな。俺もどうしていいかわかんなくてさ。ほんと、あんなもの見なきゃよかったよ……」

そう聞いた濱田は「そうなんだ……。そしたらさ、社内の通報窓口があるから、そこに連絡するように言ってあげたらいいと思うよ」と得意気に伝えた。すると浜松は「そんなことは知っているんだけどさ、それって誰が通報してきたか上司にもバレバレなんだろ？　もし俺が通報したなんてバレたら、毎日やりづらくて仕方ないよ」

濱田は「い、いやー、そんなことはないと思うけど……」とあいまいに答えた。

浜松は「まぁいいや、やっぱその通報窓口しかないってことだな。ありがとう！　じゃあ、午後のプレゼンの準備があるから先に行くぜ！」と言って食堂を後にした。浜松は濱田があまり詳しくないことを察したようだ。

残された濱田はデザートを食べ終えて、下膳コーナーに向かった。そこには「割り箸・紙類」と「プラスチック」を分別するようになっているが、濱田は間違ってプラスチックのスプーンを「割り箸・紙類」のゴミ箱に捨ててしまった。すると後ろに並んでいた宇都宮課長が「こらこら濱田君、法務がそんなことしてはいけないじゃないか！コンプラ違反だよ！」と冗談っぽく言ってきた。とりあえず「すみません」と言った濱田に、普段から親しくしてくれている宇都宮課長は

笑顔で応えてくれた。そのまま職場に戻った濱田は悩んでいた。「コンプライアンスって、一体何なんだろう……」

コンプライアンスって何？

「いわゆるセクハラやパワハラ、浜松の上司のような不正会計処理、そして取引先から個人的にキックバックを受け取ること、下請業者を不当に買いたたくこと、劣悪な環境で業務をさせることなんかは、どう考えてもコンプライアンス違反なんだけど、今日みたいに社内のゴミ捨てルールに違反することも、しかもわざとじゃないし、コンプラ違反なわけ？」

「いや待てよ、確か新入社員研修のときに、『会社の評判が下がることはしないように』とか言っていたな。じゃあ、プライベートの時間の行動はコンプライアンスとは関係ないのか？　通勤途中で信号無視したらどうなるんだ？　飲み屋で取引先の悪口を言ってもダメなのか？」濱田はわけがわからなくなってきた。

濱田は埃を被った新入社員研修テキストを机の引出しから探し出し、コンプライアンスのページを読み返してみた。そこには「コンプライアンスとは、法令、社内規程・ルールを遵守することだけではなく、社会的規範、慣習、タブー、モラルを遵守することも含みます」と書かれていた。

「なるほど、ごみの分別も社内規程違反だからコンプラ違反なんだ……」

「そっか、赤信号を渡ることは、そもそも道路交通法違反だからダメなんだな。取引先の悪口は……社会的規範？　モラル？　どっちみちダメっぽいな……」と独りつぶやいた。

「会社の評判が下がることをしてはいけない、という考え方はわかりやすいけど、きっとそうじゃないんだろうな。法律でも、規範でも、モラルでも、もともと守らなくちゃいけない当たり前のものであって、その基本的なところを会社としてもしっかり推進するってことなんだろうな」と考える濱田だった。テキストの次のページをめくると「会社が消費者、取引先、株主、従業員、社会といったステークホルダーの信頼を裏切らないことが大切です！」と書かれていた。濱田は自分の理解が間違っていないことを知って嬉しい気分になった。

　コンプライアンスがとても広い概念であることがわかった濱田は、研修資料のその後のページも読み進めた。法友電気には、従業員が守るべき倫理規程「法友羅針盤」があり、それを推進するコンプライアンス委員会が新入社員や管理職昇格者を対象にセミナーを実施している。また、イントラネットで定期的に違反事例を紹介したり、ネット学習を実施したり、さらには通報窓口があって、違反者を出さない、出たとしても重篤になる前に早期に解決する体制が整っている。なお、「法友羅針盤」には「通報者に対して報復を行ってはならない」ことがはっきりと記載されていた。これらの活動は、コンプライアンス委

員会が取締役会で定期的に報告も行っている。こうやって、社内に不幸な人を出さない仕組みができているのだ。

　濱田はコンプライアンスについて自分なりに整理できたことで、とても気分がよかった。自分はひょっとしてコンプライアンス担当に向いているのではないか、と自分に酔っていたところ、仲真から「濱田君、3時の会議の準備はできているのよね？」と言われて一気に青ざめた。コンプライアンスのことが知りたくて検索サイトで他社事例等を調べているうちに、すっかり1時間以上が経過していたのだ。

　終わってみると、散々な会議だった。資料は何とか間に合ったものの、入社2年目の濱田が練習もせずにプレゼンに臨むことは無謀だった。内容が腹に落ちていなかったので、しどろもどろになり、仲真の助けなしにはどうしようもなかった。せっかくコンプライアンスでいい気分だったのに、落ち込んだ気分でこの日の仕事を終えた濱田は、充電していた自分のスマホをカバンに入れて、会社を後にした。

　なお、不正に会計処理をした浜松の上司は、過去にも同じような不正を何度か行っており、監査室も以前から目をつけていたようで、本人にヒアリングを行ったところ、すべて認めたため、懲戒委員会での審査の結果、諭旨退職処分となったようだ。

NOTE

1　企業のコンプライアンス推進の根拠

　会社法362条では取締役会は「取締役の職務の執行が法令及び定款に適合することを確保するための体制その他株式会社の業務並びに当該株式会社及びその子会社から成る企業集団の業務の適正を確保するために必要なものと

して法務省令で定める体制の整備」を決定しなければならないと記載しています。この条文はいわゆる「内部統制方針」を定めることの根拠条文ですが、このように、企業は内部統制の一環として法令遵守が求められているわけです。さらに、「ブラック企業」をはじめとして、サービス残業を強いていた会社、不正会計が発覚した会社など、世間にコンプライアンス違反があった会社として知れわたったときのイメージ低下、いわゆるレピュテーションリスクを考えると、日常からのコンプライアンス啓蒙・推進活動が重要であることはいうまでもありません。

Ⅱ 企業におけるコンプライアンス推進活動の基本

　コンプライアンス活動の基本は、①コンプライアンスに関する社内規程があり（倫理規程、行動指針等）、②従業員にそれを理解・徹底させるための啓発活動が行われており（コンプライアンス研修、eラーニング等）、③社内外からの通報を受ける窓口があり（通報窓口、ヘルプライン等）、④これらの活動を推進する組織があること。こういった基本的な事項を、各社がそれぞれ工夫して実行しています。また、グローバルに展開している会社は、これらを国内だけではなく海外においても体制整備しておく必要があります。たとえば、海外も含めた贈収賄に対する取組みなどは必須といえるでしょう。

　そして、何より大切なのは、経営トップがコンプライアンスの重要性を理解し、自ら上記のような活動を推進することにあります。

Ⅲ 通報者の保護

　もし後になって通報内容が事実と違うことが判明した場合であっても、通報者の秘密やプライバシーが保護されること、また不利益な取扱いを受けないことが担保されていることは、通報窓口の大前提です。2015年に制定されたコーポレートガバナンス・コードにおいても、内部通報に係る体制整備の一環として、経営陣から独立した窓口の設置を行うべきであり、また、情報提供者の秘匿と不利益取扱いの禁止に関する規律を整備すべきと定められています。

Ⅳ　通報内容の実態

　通報される内容は、業種によって、またその会社のコンプライアンス意識の浸透具合によって、各社ばらつきがあると思われますが、一般的には、自分が正しく評価されていない、××が課長になったのになぜ自分は昇格しないのか、休暇をとらせてもらえない、誰かが自分の悪口を言っている、上司に不満を訴えても聞いてもらえない、といった人事・労務系の通報が共通して多く見られるようです。こういった問題は、組織・構造的な問題が原因である場合もありますが、普段のコミュニケーションの不足から発生している、いわば「ちょっとしたこと」から発生していることもあるようです。日常の業務に追われて、上司と部下をはじめ職場の仲間同士でなかなか仕事以外の話をする機会がなくなりがちですが、そういう場があれば職場への不満も少なくなっていく、少なくとも早くそれに気付くことができるのではないでしょうか。また、こういった人間関係や職場への不満は、横領などの重大なコンプライアンス違反に発展することもありえますので、どこの会社でもある問題、どうにも避けられない問題として軽視してはいけません。

　通報してくる人の中には、加害者を特定してはいるものの、特に是正を求めるわけではなく、事実を知っておいてもらえたらそれでよい、という人も案外多くいます。これは、誰かに暴露することで自分がスッキリできるという自己解決的な面もあるでしょうが、その人に具体的なアクションがとられることで自分が通報したことがわかってしまい、報復されることを恐れていることも原因として挙げられるのではないでしょうか。こういった従業員の生の声を聴くこともコンプライアンス推進部門としては重要です。しかし、内部通報制度はコンプライアンス違反が現に起こっているならそれを解決し、起こるおそれがある状態なら未然に違反を防ぐことが目的ですので、通報を受けた場合には具体的なアクションを迅速にとることが求められます。

　なお、通報件数が少なければそれでよいかというと、そうではありません。本当に社員の不満や不正が少なくなっているのであればよいのですが、通報しにくい雰囲気（通報すると周りに知られて職場に居づらくなる、通報してもどうせ何もしてくれない等）が広がっているのであれば、まずはそこに手

を打つ必要があります。

V コンプライアンス違反？

　今回のストーリーの中で、濱田は就業時間中にもかかわらず、本来の業務をそっちのけで担当外のコンプライアンスのことに夢中になっていました。また、自分のスマホの充電を会社でしていました。これらの行動は、濱田がコンプライアンスの業務にまったく関係していなければ職務専念義務違反になりますし、濱田が自分のスマホを業務で一切使用していないのであれば電気という会社の財物の窃盗に当たります。また、会社で購読している新聞や雑誌を許可なくコピーすること、プレゼンテーション資料に他社商品のロゴや画像を貼り付けることなども、著作権法等の違反となりえます。このように見てみると、コンプライアンス違反にもさまざまなものがあり、ひょっとしたら気付かずに違反行為をしている人もいるかもしれません。社内のコンプライアンス規程に違反となるものをすべて列挙することは難しいでしょうが、集合研修やeラーニングでケーススタディ等を紹介して、ありそうな違反事例を学んでもらうことも大切です。

POINT

1 コンプライアンス推進は経営者の責務です

　コンプライアンスの推進は内部統制の重要な一部です。経営トップが主導して、体制・仕組みを作り、推進していくことが大切です。

2 信頼される内部通報制度の構築を

　通報者が保護されること、通報に対する何らかのアクションがあることが通報制度の大前提です。信頼される窓口なしに、コンプライアンス推進はありえません。

3 小さな違反を許す風土は大きな違反を引き起こします

コンプライアンス違反は派手なものから地味なものまでさまざまです。中には知らずにコンプライアンス違反をしていることもあります。一つひとつは細かい違反であっても、それらにきっちりと対応していくことによって、会社全体のコンプライアンス意識が高まります。

企業法務に役立つ参考文献

経営法友会マニュアル等作成委員会編『コンプライアンス・プログラム作成マニュアル』（商事法務、2002年）

法務の現場から　懲　戒

懲戒とは、社内規程に違反した社員を処罰することをいいます。会社の立場から考えると、規則に違反した社員に対しては、会社の意向に沿った重い処分を課すべきだと考えがちです。しかし、社員が懲戒処分について裁判所に訴えを提起した場合、妥当性を欠く懲戒処分は、懲戒権の濫用として無効となる可能性があるため注意が必要です。

では、どのようにすれば、このような紛争を防止できるでしょうか？　最も重要なポイントは、「公平・公正」という観点で手続を行い、懲戒処分を決定・実施することでしょう。

つまり、懲戒処分を実施するにあたっては、①懲戒の原因となった行為に関する調査を適切に実施し、②調査結果に基づいて適切な懲戒処分の内容を決定し、③適切な時期に懲戒処分を実施する必要があります。

まず、調査については、ヒアリング調査、資料調査、Eメール調査など、さまざまな調査が行われますが、ハラスメントなどの

多くの事例では、ヒアリング調査が主体となります。その際には、必ず懲戒処分対象者に対するヒアリング調査を実施し、弁明の機会を与えることが重要です。

　次に、懲戒処分の内容ですが、会社によって人事部門などの担当部門が決定する場合と、懲戒委員会等を開催して決定する場合があります。いずれの手続も、就業規則に記載されており、懲戒処分の内容も就業規則に基づいて決定されます。つまり、就業規則に記載されていない懲戒処分は実施できないことになります。

　最後に、決定された懲戒処分を本人に通知して実施します。この通知も、会社によって人事部門が行う場合と、各部門長が行う場合に分けられます。

　また、最近は、海外でのビジネス拡大に伴って、社員を海外子会社に出向させる機会が増えています。このような背景の下で、出向した社員が海外出向先で不祥事を起こした場合、どのように処罰するかが問題となります。

　出向社員に対しては、原則、出向元の就業規則と出向先の就業規則の両方が適用されます。ところが、出向元と出向先の国が違う場合、法令の制限により、出向元の就業規則が出向先で適用できないリスクがあります。このようなリスクを考え、出向社員に対しては、出向先の就業規則を適用して懲戒処分を行うことが安全です。

　一方で、出向社員の不祥事の程度が重く懲戒解雇に該当する場合は、出向先の就業規則に基づいて懲戒解雇を行うと、出向先との雇用契約は解除されますが、出向元との雇用契約は継続しているため問題となります。このような場合は、まず、出向を解除して出向元に復帰させた後に、出向元の就業規則に基づいて懲戒処分を行うべきでしょう。

第15講　景品表示

表示チェックと濱田の意気込み

「濱田君、さっきメールさせてもらったけど、明日の午後2時から新製品パンフレットの表示チェックミーティングがあるから出席頼むよ。ちょっと校正に手間取っちゃって、印刷までにあまり時間がないんだ。急な依頼で申し訳ないけどよろしく」

　会社近くの定食屋で好物のハンバーグ定食を食べた帰り、会社のエレベーターで顔を合わせた企画開発本部で製品企画を担当している山本が声をかけてきた。

　製品の表示周りの法令チェックは、2ヵ月前に仲真から引継ぎを受けて、濱田の業務になっていた。景品表示法が定める表示等管理担当者という役割である。

　表示チェックミーティングの前には、事業部が作ってくる原案をしっかり法務面でチェックしなければならない。濱田は、山本から送られてきた新製品パンフレットの原案を読み進めていった。来年3月発売の新製品は、省エネ性能を前面に打ち出したもののようだ。

"消費電力50%削減　省エネNO.1！"

　すごいセールスポイントだけど、本当だろうかと濱田は少し不安になった。

　新製品パンフレットの表示チェックミーティングには、法務部のほ

か、製品企画部、広報部、品質管理部、お客様相談室の各担当が集まって行われる。濱田は担当者として法務部から一人出席していた。

　製品企画部の山本が新製品の概要や発売スケジュールの説明を終えた後、パンフレットの記載を読み進めていった。出席者は、山本の音読に合わせて記載に誤りがないか確認し、一字一句を目で追っていく。この表示チェックミーティングに至るまでに企画開発本部と広告代理店の間で何度もチェックしているはずであるにもかかわらず、ほぼ毎回、てにをはレベルの誤りを含め、誤字や脱字などの要修正点が発見されるのである。

「消費電力50％削減　省エネNO.１！」

「山本さん、ちょっと待って頂けますか。この表現の根拠を教えてもらえますか。あと、対象や条件をはっきりさせて明記しないとお客様にはわからない可能性があります。このままじゃ、優良誤認ということになりますよ」ここは法務担当である自分の出番と、濱田は仲真から教えてもらいながら相当勉強してきた景品表示法の規制がこの新製品の広告にどう影響してくるかについて、できるだけわかりやすく説明しなくてはと意気込んだ。

「消費電力については、企画開発本部で実験を重ねた結果だから、大丈夫です。当社で昨シーズンに一番売れたHY－1000型エアコンとの比較になりますね。

　では、強調表示に近接した場所に当社製品HY－1000型との比較であることの記載をお願いします。確か、消費者が手に取るパンフレットのようなものの場合、８ポイント以上の文字サイズを使わなければならないはずです。

　あと、省エネNo.１というのは、どうでしょうか」

「HY－2000がこのクラスのエアコンでNo.１なんだ」

「皆さん、ご存知の通りNo.１という用語は、『最上級及び優位性を意味する用語』として公正競争規約において、客観的な事実に基づく

具体的根拠を表示しなければならないとされています。どの対象となるクラス、消費電力量、測定基準、どの時点においてナンバーワンなのかを明記する必要があります。また、No.1表示の根拠となる調査の出典を記載すべきです」

　その後も表示チェックミーティングは続き、このパンフレットには五ヵ所の要修正箇所が発見されたが、幸いなことに大きなレイアウト変更を伴うようなものはなかった。後日、濱田ら表示等管理担当者による修正箇所の確認を経て、パンフレットは、無事に新製品のタイミングに間に合ったのであった。

突然の内容証明郵便

　数ヵ月後、総務部から法務部に社長宛の内容証明郵便が届いたという連絡が入った。法友電気では、内容証明郵便が届くと、まず法務部に連絡が入ることになっている。

「濱田君、悪いけど内容証明郵便を取ってきてくれるかい」

　佐々木課長が濱田に言った。

　濱田は、急いで内容証明郵便を取りに行った。差出人はNPO法人日本消費者ネットワークと書かれていた。

「佐々木課長、消費者団体からです。何でしょうね？」

　佐々木は内容証明郵便を開封し、中身を見ると険しい表情になった。

「濱田君もちょっと読んでみなさい」

　内容証明郵便には、申入書というタイトルの下、主に以下の三点の内容が書かれていた。

・NPO法人日本消費者ネットワークは適格消費者団体であり、申入書の内容や回答書の内容を公表すること

・1ヵ月以内に回答書の送付を求めること

> ・エアコンのパンフレットの消費電力50％、省エネNo.1の表記に関し、
> 強調表示の文字の大きさと比して、打消し表示の文字が小さすぎ、ま
> た、文字の色、背景の色から見難い状態であり、優良誤認に該当する
> おそれがあるため削除を申し入れること

「適格消費者団体ですか、対応を間違うと消費者代表訴訟になりかね
ませんね。どうしましょう？」

　いつの間にか横に立っていた仲真が静かに言った。

「まずは、関係者を集めてくれますか。早急に対応を検討しましょう」

　その日の午後、管理部門を管掌する役員、営業管理本部、製造事業
本部、品質管理部、企画開発本部、お客様相談室、広報部、法務部か
ら関係者が集められた。

「本日、お集まり頂いたのは、お手元に配付しました書面の通り、新
製品のパンフレットについて、消費者団体から優良誤認であるとの申
入れがあった件です。消費者団体のHPを見たところ、すでに申入書
が公表されていました。場合によっては、マスコミに報道される可能
性もあります。指摘のあった表示の箇所ですが、8ポイントの大きさ
で記載されているものの、確かに強調表示との比較や文字色、背景色
を合わせると微妙な印象ではあります」と佐々木が説明した。

「パンフレット一つでマスコミ騒ぎだなんて、とんでもないぞ。この
パンフレットは社内の審査を通過したんじゃないのか、なぜそんなこ
とが起きるのかね」

　管理部門を管掌する大久保専務が激しい口調で言った。

「打消し表示については、公正取引委員会から2008年にガイドライン
が出されているのですが、その中では、打消し表示の配置場所、強調
表示の文字と打消し表示の文字の大きさのバランス、打消し表示の文
字の大きさ、文字間余白、行間余白、背景の色との対照性などの要素
に留意するようにと定められていて、文字の大きさの最低基準である

　8ポイントは満たしているのですが、その他のことを総合的に考慮す——————るとどうかというところです。他社のものも含めて過去の事例から考えると問題ないと思っていました……」と濱田がか細い声で説明した。

　「ずっと、これまでと同じと思っていると危ないよ。ここのところ、表示の違反が増えているし、消費者団体の動きも活発になっているので世の中的な基準が変わりつつあるのだろう」と広報部長の目黒が冷静に言った。

　「営業の立場としては、販売店に送ったパンフレットを全部回収ということになると影響が大きすぎる。どうしても、それは避けてもらいたい。この売上げの厳しいときにこんなことで付け込まれるなんてどうなってるんだ。何とかならないのか、まったく」

　営業管理本部の新橋部長が噛みついた。

　「では、明確な法令違反はないということで、当社の考え方を主張しつつ、今回の指摘を厳粛に受け止め、今後パンフレットを作成する際には善処するという内容の回答を出すことで様子をみましょうか」と佐々木が落としどころを提案した。

　「よしっ、そういう方向で進めてくれたまえ。あわせて、万一の場合に備えて、広報部門を中心にマスコミ対応等の準備をしておくように。それと今後同様のことが起きないように、担当者は、世の中の動向をしっかり把握して業務にあたるように」と大久保専務から指示がなされて会議はようやく終了した。

　法務部に戻ると佐々木は意気消沈している濱田の様子には構わずそのまま一緒に外出先から戻ったばかりの大崎部長に緊急会議での議論を報告し、その後、濱田に回答書を作成し、内容証明郵便で送付するようにと指示した。

　「佐々木さん、申し訳ありません……」

　「こういうこともあるよ。まずは迅速な対応が必要だから、頼むよ」

佐々木は濱田の眼を見ながらうなずくと、次の打合せへ向かった。

　「そうだ、落ち込んでいる暇なんてないんだ」気持ちを切り替えた濱田は、過去の回答書から今回の回答書作成に活用できそうな箇所を探し、夕方までに何とか回答書案の作成を終えた。

　そこにちょうど顧問の法律事務所との打合せを終えて仲真が戻ってきたので、「仲真さん、ちょっとこの回答書確認してもらえませんか。内容証明郵便で送付しなければならないんです」と事実の経緯を説明するとともに助けを求めた。

　「あ、濱田君は、内容証明出したことなかったっけ？　内容はまあまあ書けているけど、書式を少し直したほうがいいかな」

　と内容証明郵便についてのレクチャーが始まった。

　濱田は、仲真から指摘を受けた点を修正し、回答書を横書き1行26文字、1枚20行に改め、佐々木宛にメールで送信した。

　翌朝、濱田が出社すると佐々木から声がかかった。

　「回答書ありがとう。スピード、内容、様式も合格だな。三部印刷して、社長印の押印手続をして郵便局で発送してもらえるか」

　「実は、昨晩仲真さんからレクチャーを受けたんです」

　「まあ、そうだろうな」佐々木は笑って答えた。

　濱田は、その日の午後に一つ隣駅にある中央郵便局まで行き、回答書を内容証明郵便で発送した。窓口では、配達証明を付けるか尋ねられ少し戸惑ったが、わからないまま配達証明を付けることにした。会社に戻った濱田は、表示チェックで使用するチェックリストの打消し表示の欄に従来からあった「文字サイズ8ポイント以上」に加え、「打消し表示の配置場所」、「強調表示の文字と打消し表示の文字の大きさのバランス」、「打消し表示の文字間余白」、「行間余白」、「背景の色との対照性」という項目を追加した。そして今回問題になっ

た製品パンフレットの該当箇所をスマホで撮影して、NG事例として
チェックリストの備考欄に貼り付け、チェックリスト更新版として表
示チェックミーティングの出席メンバーにメールで共有した。

　数日後会社宛に配達証明書が届き、濱田にも回覧された。濱田は、
また消費者団体から内容証明が来るのではないか、訴状が届いたらど
うしようと気が気でなかったのだが、その心配をよそに、その後、消
費者団体からの再度の申入れはなく、訴状が届くこともなかった。

NOTE

Ⅰ　優良誤認とは

　景品表示法は、事業者が自己の供給する商品・サービスの取引において、
その品質、規格その他の内容について、一般消費者に対し、

①　実際のものよりも著しく優良であると示すもの

②　事実に相違して競争関係にある事業者に係るものよりも著しく優良で
　　あると示すもの

であって、不当に顧客を誘引し、一般消費者による自主的かつ合理的な選
択を阻害するおそれがあると認められる表示を禁止しています（優良誤認
表示の禁止）。具体的には、商品・サービスの品質を、実際よりも優れてい
ると偽って宣伝したり、競争業者が販売する商品・サービスよりも特に優れ
ているわけではないのに、あたかも優れているかのように偽って宣伝する行
為が優良誤認表示に該当します。なお、故意に偽って表示する場合だけでな
く、誤って表示してしまった場合であっても、優良誤認表示に該当する場合
は、景品表示法により規制されることになりますので注意が必要です。

　先般、優良誤認を含む不当表示による被害の拡大を防止するという目的で
課徴金制度が導入されました。課徴金の金額は、対象商品・役務の売上げの
３％と大きなインパクトを持っています。また、被害回復を促進する観点か
ら事業者が所定の手続に沿って自主返金を行った場合には、課徴金の免除・

減額などが定められています。法務担当者としては、優良誤認等の表示違反との指摘を受けないよう、客観的な視点をもって表示をチェックし、また、表示内容について根拠を確認する等の姿勢が必要です。

Ⅱ 消費者団体訴訟制度

消費者団体訴訟制度とは、事業者の行う不当な行為（不当な契約条項の使用、不当な勧誘行為、不当な広告表示）に対する差止請求を行う権利を、一定の要件を満たす消費者団体（適格消費者団体）に認めたものです。

企業としては、裁判所の判断がどうなるかということのみならず、訴えが提起されたことを公表、または、報道されることによるレピュテーション上の影響も考え、消費者団体からの要求に対応していく必要があります。

POINT

たかが表示、されど表示

たかが表示と侮ることなかれ。あくまでも客観的な視点で判断。

BtoCの取引を行っている企業にとって、製品パッケージや広告における表示は、消費者が製品を選択するにあたっての重要な要素になり景品表示法をはじめ業法などさまざまな法律・基準で規制されています。法務担当者としては、規制について理解することは当然のことですが、客観的な視点で表示内容を確認し、消費者が誤認をしないようなものになっていることを確かめなければなりません。

企業法務実務に役立つ参考文献

①片桐一幸編著『景品表示法〔第4版〕』（商事法務、2015年）

②「見えにくい表示に関する実態調査——打消し表示の在り方を中心に」（公正取引委員会、2008年）

③「No.1表示に関する実態調査」（公正取引委員会、2008年）

第16講 消費者対応

水漏れの指摘

　ある日、濱田が内線電話を取ると、相手は急いだ口調で話し始めた。
「お客様相談室の京橋だけど、今から緊急の会議をするから、誰か出てもらえないかな？」
「どのような内容でしょうか？」濱田は、案件を確認してから仕事を受けるという基本動作を覚えていた。
「あるお客様からご指摘があって、その対応の会議を行うことになったんだが、お客様が訴えると言っている。法務部の意見が欲しいんだが、誰か出てもらえないだろうか」
　お客様相談室は、消費者からのご指摘やクレームを受ける専門部署である。とはいうものの、クレームは電話の一割にも満たない。CMに出ている女優の洋服のブランドはどこかとか、誰かと話がしたい常連さんからの電話が多く、日常的に法務部が対応に参加することは少ない。
　濱田は、仲真に電話の内容を伝えて、二人で会議に出席した。
「お客様から、新製品の加湿機能付空気清浄機『アクアサン』を使ったら、水漏れが起こって、カーペットが濡れてその損害を賠償しろと指摘がありました」
　お客様相談室の京橋部長が説明を始めた。
「お電話があったのが一昨日で、その日のうちに当社の営業担当者がお客様のご自宅を訪問しました。その際お客様は激高されており、と

にかく、『賠償しろ』と怒鳴っておられたので、何もせずには帰るに帰られず、営業担当者は名刺の裏に、『一切の賠償を責任をもって行います』と書かされて帰ってきたそうです。また、お客様は、製品の写真を撮って、『SNSで世の中に問うからな』と言ったそうです」

　新製品の加湿機能付空気清浄機は、従来よりも加湿用の水を入れやすくしたことが特徴で、新しいCMとマッチして好調な売行きを示していた。ただし、従来品を使用していたお客様からは水の入れ方がわかりにくいとのご指摘もあった。

「水漏れの原因は何かわかっているのですか？」仲真は、企画開発本部の担当者に質問した。

「通常の使用では水は漏れることはありません。ただ、水を入れるタンクのセットが甘いと漏れる可能性があります。おそらくお客様は使用の際のタンクのセットを説明書通りにされなかった可能性が高いと思われます」と担当者は小さな声で説明した。

「タンクがどのようにセットされていたか、営業担当者は写真を撮るとか、確認することはできなかったのですか？」仲真は聞いた。

「それが、あまりにお客様が激高していて。カーペットは、ペルシア絨毯で、新婚旅行の思い出の品らしく、慰謝料もよこせなど1時間くらいずっと話をされていたそうです。営業担当者が製品を触ろうとしても、『お前らは証拠を消すかもしれないから触るな』と言って確認すらさせてもらえなかったということでした」

　眉根を寄せながらお客様相談室の担当者は言った。

✿ 事実確認が第一

「お客様が通常の使用をされていなかった場合は、特段の理由がない限り当社には責任はないと思われます。いずれにせよ、当該製品の確認が取れない限り、当社として賠償するとかいう話をするべきではな

いと考えます」と仲真は説明をした。

　濱田は、先日勉強したPL法の知識を思い出していた。同時に、大声で怒鳴られたという営業担当者に同情していた。

「ただし、今回の新製品はセットが容易にできるようなものだったのでしょうか？」と、お客様相談室の担当者は消費者の立場を考えて製品開発部の担当者に尋ねた。

「新しい機能はセットする際のロック機能がより簡便になっています。また、取扱説明書の最初のページにもその説明を行っています。さらに、タンクの上に『カチッと音がするまで押し込んで下さい』と大きな注意表示もしています。これもすべて従来品へのご指摘を反映させたもので、製品自体に欠陥はないものと考えています」

　製品開発部の担当者は、今度は少し大きな声で説明した。

「となると、当該品に欠陥があった可能性もあるわけですね。同じようなご指摘は今まであったのですか？」

　仲真はあくまで事実を確認する姿勢を崩していない。濱田はどうせ言いがかりで、少しお金を渡せば解決するのではないかと思いながら聞いていた。

「同様のご指摘は今まではありません。また、このお客様も使用されて１ヵ月経ってからご指摘をされており、それまでは普通に使われていたのだと思います」

「そうですか。いずれにせよ、当該品がどうだったのか、いろいろ事実確認をしないと対応のしようがないですね」

　いったん言葉を切ると、仲真はお客様相談室の担当者に向けて続けた。

「すぐにお客様に連絡して、営業担当者を再度訪問させて下さい。また同じ担当者だとお客様が再度激高される可能性がありますので、ベテラン担当者と別の担当者の二名で訪問させて下さい。その際に使用態様をしっかり伺って頂くようにして下さい。たとえば、いつも誰が給水していたのか？　その日は誰がいつ給水したのか？　など具体的

な事実をしっかり確認して下さい。代替品を持参し、当該製品を持ち帰ることができればいいのですが、おそらくそのお客様は当社への不信感が高まっているのでしょうから、代替品を受け取らない可能性もあります。ただ、一応持参はして下さい」

事実確認の末に

　3日後、再度お客様相談室主催で会議が開催された。お客様相談室の担当者が説明を始めた。
「先日のお客様ですが、いつもは給水タンクを奥様が入れ替えていたそうですが、その日は奥様の誕生日で小学校一年生の息子さんが奥様のお手伝いをしていたそうです。カレーライスを作ったり掃除をしたり、いろいろ家事を手伝う中で、加湿器の水が切れたブザーが鳴った。そこで息子さんはお母様の真似をして給水しようとしたそうなんです。ただ、タンクに水を全量入れて運ぶ際にタンクを落としてしまい、絨毯を水浸しにしてしまった。息子さんは、カーペットがご両親の思い出の品だと知っていたらしく、それを言いだせなくて、タンクをそのままセットしてしまった。ということが事実関係だったそうです」
　出席者の一同は、少し笑顔になった。
「お客様も我々にひたすら謝罪されておられました。製品自体は非常に気に入っておいでで、従来から当社製品を愛用されていたとのこと。今回のケースではそれを裏切られた思いでつい激高してしまったとのこと。再度の訪問時に当社の担当者が製品に自信をもって説明していて、事実関係を慎重に確認していたところ、息子さんが部屋に泣きながら入ってきて、自分が水をこぼしたと告白されました。これも仲真さんが冷静に事実確認をするように指導してくれたおかげです」
　お客様相談室の担当者は、先日とは別人のような明るい顔で話している。

「事実確認をして、当社製品に欠陥があったり、当社に非があれば、当社が謝罪して、賠償するのは当然です。ただし、事実関係も確認しないでお客様の要求に応えるというのは、本当にお客様を考えた対応ではありませんよね。少しお金など渡せば解決するのではないかという姿勢は企業として誠意がない対応ではないでしょうか。おそらく再度の訪問時に、息子さんに当社の姿勢が伝わって告白してくれたのかなと思います」

　珍しくにっこり笑いながら仲真が説明して、会議は終了した。

　濱田は、自分が見透かされているかのような思いがして、内心冷や汗をかいていた。

NOTE

［Ⅰ］　消費者対応における法務の役割

　特にＢｔｏＣの事業を行っている企業の場合、消費者からの指摘・クレームは日常茶飯事であると思われます。そのほとんどが、深刻な問題になるわけではありません。しかしながら、品質クレーム、怪我など、リコールや損害賠償につながる案件については、現場対応に任せることなく、法的分析や対応のサポートが重要になってきます。訴訟になることも想定しながら、対応を検討していく必要があります。案件の当初から法務部門が関与して、適切な対応を行っていくよう心がける必要があります。

　また、その際に忘れてはいけないのが、消費者目線です。企業法務の担当者も会社を離れれば一消費者です。自分が消費者であればどのように思うであろうかという点にまで視点を広げておきましょう。

［Ⅱ］　事実確認の重要性

　消費者対応に限らず、会社に対するクレーム等においては、事実関係の確認が何より重要です。消費者側に非があり会社には責任がないとか、消費者

が弱者であるから会社がまず謝罪すべきといった、先入観をもたず客観的に事実関係を把握することがポイントです。どうしても自社製品を過信し、非を認めたがらない担当者に事実関係を報告させたり、できるだけ早く消費者との対応を終わらせたいことからあいまいな解決を図ろうとする担当者に対し、毅然と事実関係の調査が重要であると伝えるなど、法務担当者は客観的な対応を心がけるべきです。また、万が一リコールや訴訟になった場合でも初期の事実関係の把握が何より重要になってきます。問題が大きくなってから隠れた事実が出てきた場合、対応に苦慮するばかりか、会社の存亡に関わる事態になることも想定されます。さまざまなリスクに対応する意味でも、事実は何かという点をしっかり押さえる態度が法務担当者には求められます。

POINT

1 万が一に備えることが大切

消費者対応は、万が一の際の訴訟なども踏まえたリスク対応の視点で対応することが肝要です。

2 消費者目線も忘れずに

日常的に消費者の動向や消費者の声についても触れておくことが必要です。法務担当者も一消費者である視点を忘れずに。

3 事実関係の把握が重要

事実関係の把握が何より重要。担当部署は主観的になりがちですが、客観的に事実を早期に把握することが、万が一の対応の際に重要となります。

企業法務に役立つ参考文献
①森・濱田松本法律事務所編『消費者取引の実務』(商事法務、2015年)
②東京弁護士会消費者問題特別委員会編『消費者相談マニュアル〔第3版〕』(商事法務、2016年)

法務の現場から　リコール

　リコールとは、企業が販売した製品を何らかの不具合が原因で回収することを意味します。

　リコールは大きく分けて、告知対象を絞らずメディア等を活用して対外的に広く実施する場合（大規模回収）と、告知対象を絞って販売店等を通じて行う場合（小規模回収）とに分かれます。いずれかの選択は、①製品不具合のリスク、②製品の販売量と範囲、③回収コスト、④レピュテーションリスク等を総合的に検討しながら行います。

　まず、製品不具合のリスクですが、消費生活用製品安全法に定められた重大事故が発生した場合、製品不具合の発生頻度が高い場合、対象製品以外に被害が拡大する可能性が高い場合は、相当大きなリスクが想定されるため大規模回収を選択する可能性が高くなります。また、人体に被害がない場合、製品不具合の発生頻度が低い場合、不具合が対象製品に止まり被害が拡大しない場合は、小規模回収を選択する可能性が高くなります。

　次に製品の販売量ですが、販売量が多く購入者が全国に分散している場合は、大規模回収を選択する可能性が高くなり、販売量が少なく購入者がある程度限定される場合は、小規模回収を選択する可能性が高くなります。

　次に回収コストですが、大規模回収を行う場合は、最低でも全国五大紙朝刊と主要地方紙朝刊に複数回数の回収告知を行い、新聞告知だけで5,000万円から1億円程度のコストが発生します。その他、TV、雑誌、チラシ等のメディアを活用するとさらにコストが膨らみます。また、コールセンターの設置費用、製品の払戻費用や交換費用、販売店等の関係先への賠償等を見込む必要が

あり、全国規模で回収を行った場合、通常は数億円程度のコストを覚悟しなければなりません。

　最後にレピュテーションリスクですが、特に小規模回収や回収不実施を選択する場合、消費者や消費者団体等から批判を受けるリスクがないかどうか検討が必要です。なぜ、小規模回収を選択したのか、なぜ回収しなかったのか、対外的に説明できる合理的な理由を準備しておく必要があります。

　さらに、大規模回収を実施する場合は、独立行政法人製品評価技術基盤機構（NITE）に事故情報を報告する必要があり、経済産業省から報告を求められるケースもあるため注意が必要です。

　リコールの基本は以上ですが、リコールを実施するにあたって最も難しい立場にいるのは、部品メーカーです。部品の不具合でリコールを行う場合、部品メーカー単独ではリコールを実施できず、必ず完成品メーカーを巻き込む必要があり、部品販売額と比較して回収コストが大幅に増加すると同時に、必ずしも部品メーカーの筋書き通りに製品回収ができるとは限りません。

　リコールは、リスクを読みつつ、社外からの評価とコストを検討しながらの作業が続くため、法務担当者にもビジネスセンスが求められます。

取引先の信用不安

　木枯らしが吹くある日の早朝、まだ人気のないオフィスで、席につくや否や濱田の内線が鳴った。

「せっかく早く来て、たまった仕事を片付けようと思っていたのに……」

　濱田が内心文句を言いながら電話を取ると、相手は営業の飯田だった。

「悪いんだけど、すぐに相談にしたいことがあるんですが」

「え、申し訳ないですが、まだ佐々木さんも仲真さんも来ていないんです。9時ぐらいからでは、どうですか？」

「今すぐどうにかならないかなあ。実は取引先のモンキリ株式会社に信用不安の話が出ていて、当社にも支援の要請が来ているんです。できればすぐにでも先方に足を運びたいんですが、その前に法務からアドバイスをもらえればと思って」

　濱田は内心、「取引先の信用不安？　支援要請？　これはえらいことになったぞ！」と思いながら、「わかりました。それではお話を伺いましょう」と飯田とすぐに会うことを伝え電話を置いた。

「今日は冷えるねー」

　9時過ぎに佐々木が席についた。

「おはようございます、佐々木さん」

二人はひとしきり部の忘年会をどうするか、去年はどうだったかといったたわいもない話に興じていたが、思い出したように、濱田は言った。

「実は今朝営業の飯田さんから急ぎの相談が来て……」

　濱田は、佐々木に、相談内容は、当社が販売する加湿器を内蔵した小型テーブルについて、その生産を委託しているモンキリ株式会社に信用不安が生じていること、同社より「法友電気が原材料を無償で供給し、製造委託する現在の形態からモンキリ社が自社で原材料を購入し、当社に対して完成品を売り渡す売買型で、かつその支払いは前払いにしてほしい」との依頼が来ているがどう対応したらいいか、であったことを伝えた。

　佐々木は、にわかに厳しい表情になった。

「それで？」

　濱田は、佐々木の厳しい表情に気付かずに、早朝出社して営業の相談に対応した自分にいささか得意になっている。

「もちろんそんな都合のいい要請に応えるべきじゃない、と回答しておきました。審査の与信が出るとも思えませんしね」

　佐々木は、しばらく思案した後で濱田に言った。

「ところでうちのモンキリ社に対する債権・債務や締結済みの契約のポジションはどうなっているんだ？」

「え？　ポジションですか……それはちょっと……」

　佐々木はさらに厳しい顔になった。

「モンキリ社との基本契約、個別契約などの書類は確認したか？」

「え〜と、それもまだですが……」

　濱田の話を最後まで聞かず、佐々木は濱田に畳みかけた。

「飯田さんの部長は、誰だったかな。悪いが、名前と内線番号を教えてくれ」佐々木はすでに受話器を手にしている。

「もしもし、法務部の佐々木ですが。おはようございます。今朝そち

らからうちの濱田に相談
があったモンキリ社の件
ですが。ええ、なるほど、
ではすぐにそちらに伺い
ます」

　佐々木は、電話を切る
と力強く濱田に言った。
「営業ともう一度打ち合
わせるから一緒に来てく
れ」
「は、はい」濱田は慌て
て佐々木の後を追った。

「佐々木さん、何か間違えたアドバイスをしたでしょうか？」

「ん？　いや、最近はこんな案件もめったにないから、君がうまく対応できないのも仕方がないことではあるけど、こういう事故・事件の類が起きたときには、一にも二にも情報収集が大事なんだ」

「事故・事件、ですか？？」

「そうだ。濱田君にとってもいい経験になるはずだよ」

　濱田は内心、まったく、早起きは三文の得っていうのは嘘だなと思いながら、慌ててエレベーターのボタンを押した。

NOTE

Ⅰ　取引先の信用不安を聞いたら

　企業は、その商行為の中でさまざまな形で信用供与、いわゆる与信を行います。たとえば商品を納入し、その支払いを一定期間猶予する（納入後3ヵ月の後払い等）、あるいは融資を行うなどは、すべて与信行為を行っている

ことになります。

　取引先に信用不安が起きた際は、

① 自社がまずどのような取引を行っているか？　当該取引先との取引に限定せずに、全体のサプライチェーンを把握することが重要です。サプライチェーン全体を見ることで当該取引先が契約の不履行・倒産したときにどのような影響がありうるかを正しく把握できることになります。

　　たとえば、モンキリ株式会社の例でも、もしモンキリ社が法友電気へ小型テーブルを納入できない場合、どのような影響（法友電気の製造ラインがストップするか？　法友電気からの販売先への影響は？）が生じうるかを把握することが重要です。

② 締結済みの契約（契約は締結しているが、まだ商品自体は納入していない）、売掛（すでに商品を納入して売掛債権が立っている）、買掛（自社の当該取引先に対する支払債務）等の取引内容に応じた個々の債権・債務、締結済み契約のポジションを把握することが重要です。

　　今回の事例であれば、法友電気が保有する小型テーブルの原材料の在庫残、モンキリ社に対する業務委託料の未払い残額、小型テーブルの原材料の今後のモンキリ社への納入スケジュール、および法友電気の販売先に対する最終商品の出荷予定等を把握することも重要です。

　　また、モンキリ社のグループ会社との取引や自社のグループ会社がモンキリ社と取引を行っていないか等も同時に把握しておくことが重要です。

③ 次に、上記ポジションの証憑書類を収集する必要があります。取引基本契約書、個別契約書、インボイス、納入書等ですが、もし債権保全のために担保を取得しているのであれば、いざという際の担保権行使も考えて、その担保設定契約書などの証憑書類もあわせて整備しておく必要があります。

④ 以上①〜③の情報は、社内で収集できる情報ですが、それ以外に次のような取引先の状況をできるだけ正確に把握する必要があります。これには営業担当者に現場へ足を運んでもらうことが重要となります。

　　ⅰ）取引先の操業状況（操業はしているか？　経営陣は出社している
　　　　か？　従業員への給与の支払いは遅延していないか？　当社以外の債
　　　　権者への支払いはなされているか？　当面の資金繰りはどのように
　　　　なっているか？　など）
　　ⅱ）取引先のメインバンクの状況（メインバンクはどこか？　支援の可
　　　　能性は？）
　　ⅲ）他の取引先・他の債権者の状況（個別に取立がなされているか？
　　　　など）
　　ⅳ）その他業界での噂も含めた見立てなど

　今回のモンキリ株式会社の事例でも、以上の情報を総合的に見た上で、支
援要請に応えていくか、否か、を判断することになります。

★支援と債権の保全

　佐々木と濱田は営業担当者から聞取りを行い、おおよそ次のような
情報を得ることができた。
(1)　モンキリ社に発注している小型テーブルは、法友電気で加湿器
　　を組み込んだ上で大手通販業者専用のオリジナル・ブランド商品
　　として販売しているものであること。
(2)　法友電気は、現在モンキリ社に、合板等の原材料約2,000万円
　　相当（約2ヵ月分）の原材料在庫を預けている（所有権は法友電気
　　（［次図①］））。
(3)　法友電気がモンキリ社に支払う製造委託手数料は毎月モンキリ
　　社が法友電気に納品する小型テーブル（［次図③］）について当月
　　末締め、翌月末に現金にてモンキリ社指定の口座に振込みで支払
　　う。次回の振込みは、5日後に迫っており約220万円（［次図④］）。
(4)　次回のモンキリ社からの小型テーブルの納品は、2週間後に

2,000ユニット（約1,000万円相当）を納品予定。その小型テーブルは、法友電気の工場に持ち込まれ、加湿器を組み込んだ上で、大手通販業者指定の納入先に出荷される（[下図⑤⑥]）。

(5) 上記2,000ユニットは、法友電気の大手取引先である大手通販業者との契約を履行する上で必要不可欠なもの。万が一、欠品した場合は代替品の手当てが必要となるが、デザインが異なることから最終購入者からクレームが来ることも予想される。

(6) モンキリ社とは法友電気の作成した定型フォームの製造委託基本契約書を締結している。

取引の流れ

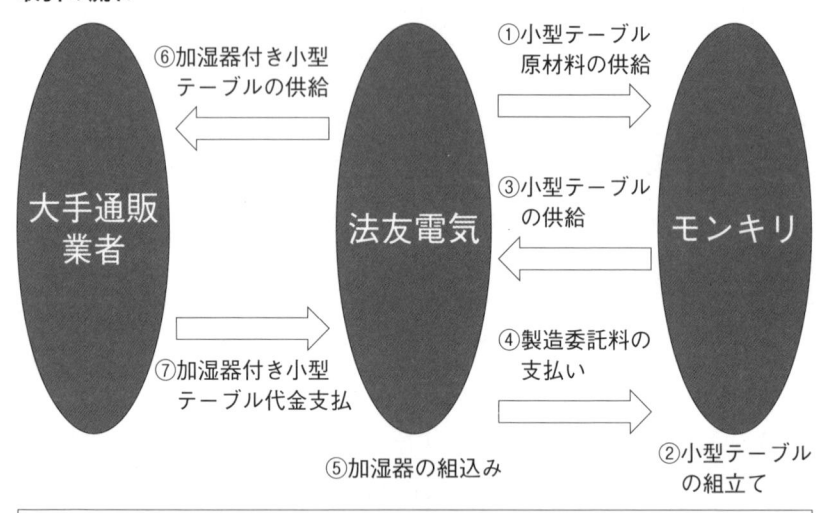

⑥加湿器付き小型テーブルの供給

①小型テーブル原材料の供給

大手通販業者

法友電気

モンキリ

③小型テーブルの供給

⑦加湿器付き小型テーブル代金支払

④製造委託料の支払い

⑤加湿器の組込み

②小型テーブルの組立て

(ｱ)モンキリ社には、約2,000万円相当の原材料在庫あり。
(ｲ)モンキリ社への次回の製造委託手数料振込は5日後に迫っており約220万円。
(ｳ)次回のモンキリ社からの出荷は、2週間後に2,000ユニット（約1,000万円相当）を予定。

以上の情報から法友電気としては、まずは大手通販業者への直近の納入を最優先し、モンキリ社からの小型テーブル2,000ユニットの納

入を確保するための人員をモンキリ社工場に派遣することを決定した。かかる人員にて法友電気の資産であるモンキリ社に預けている小型テーブルの原材料在庫が、法友電気への小型テーブル製造に使用されるよう管理し、さらに、5日後に法友電気からモンキリ社への支払日が到来する220万円の業務手数料に加えて、小型テーブル2,000ユニット分の業務手数料も前払いし、モンキリ社の運転資金が不足しないように資金面でも支援した。

「佐々木さん、昨日で無事小型テーブル台2,000ユニットの当社宛納品が完了したそうです」濱田が力強く言った。

「そうか、これで大手通販業者からの注文も履行できるし、まずは一安心だな」

「はい、この2週間、モンキリ社の皆さんと仲良くなれました。まさに『雨降って地固まる』という感じです」濱田は、うきうきして続けた。

　佐々木はそれを聞き、濱田に対して、今後は代替業者を選定し、モンキリ社との取引を絞ることを営業部と協議して、決めたことを伝えた。

「えっ……当社との取引が縮小すれば、モンキリ社の経営は厳しくなりますが」

　濱田が心配そうにする様子をみて、佐々木は言った。

「確かに濱田君の言う通りだが、この2週間、モンキリ社の資金繰りはよくなっていないし、メインバンクの支援を得られるかどうかもわからない。だからモンキリ社から当社への担保の提供など、当社に所有権がある原材料の在庫について保全策が見つからない限り、モンキリ社に預けている原材料の在庫量を減らしていくしか策がないんだ」

「でも、たとえモンキリ社が潰れても、当社の原材料の在庫は、当社が所有権を持っているので、回収できるのではないですか？」

「教科書通りにいうと、その通りだ。ただ、必ずしもそういかないの

が、この債権回収の世界なんだよ。この２週間の緊急的な管理体制を今後も継続できるほど我が社も人員面で余裕があるわけではないし、小型テーブルはモンキリ社しか作れないものでもないから、代替業者に切り替えていくのが当社にとっては妥当な判断だろう」

　濱田の脳裏に、モンキリ社担当の顔が浮かんだ。四十代半ばぐらいの実直そうな大人しい人だ。濱田は、佐々木の言葉を耳にして、ただ黙るしかなかった。

NOTE

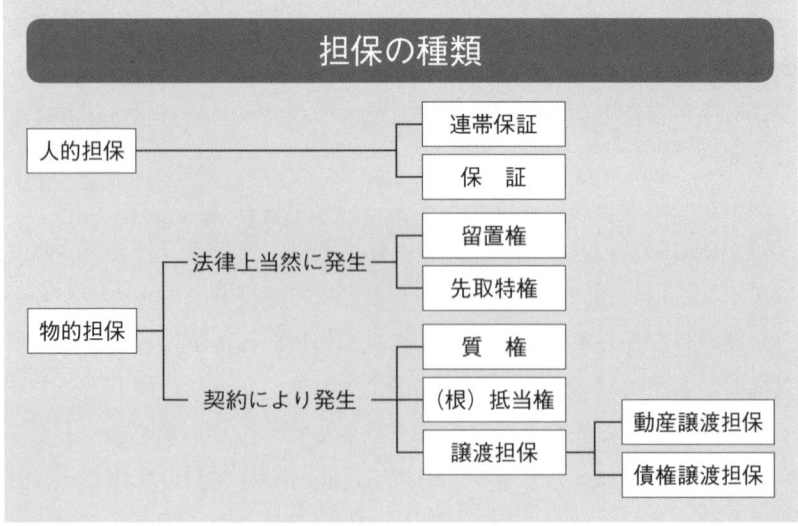

II　債権の保全

　与信行為を行う取引先が支援を求めてきた際に、当該与信を継続、もしくは拡大するには一定の債権保全策を行うことになります。債権保全策として最も一般的なものは、担保の取得ですが、どのような担保があるかを次に簡単に示しておきます。

担保の種類

- 人的担保
  - 連帯保証
  - 保　証
- 物的担保
  - 法律上当然に発生
    - 留置権
    - 先取特権
  - 契約により発生
    - 質　権
    - （根）抵当権
    - 譲渡担保
      - 動産譲渡担保
      - 債権譲渡担保

　どの担保を取引先に要求するかは、ケースバイケースですが、粘り強く取引先と交渉することが必要です。また、合意できた場合、スピーディな契約締結・登記等の必要な手続の完了を心がけましょう。債権保全の場合、1日の遅れが、貸倒れの発生などの命取りにつながります。

法的手続による終焉

　1月の終わりを迎えた頃、インターネットで調べ物をしている濱田に、突然、マフラーを巻いた佐々木が話しかけた。
「濱田君、今から中村弁護士のところに行くぞ」
　濱田は慌ててロッカーからコートを取り出すと、袖を通しながら佐々木の後に続いた。
「佐々木さん、いったいどうしたんですか？」
「モンキリ社が、民事再生の申立てを行った」
　一瞬モンキリ社の担当者の顔が頭に浮かび、濱田は言葉を失った。
「すぐにモンキリ社に行ってきましょうか？」
「いや、営業担当者がすでに現場に向かっているところだ。おそらく事前に準備を行った上での申立てだろうし、今、当社がモンキリ社に預けている小型テーブルの原材料の在庫は、幸いなことに、順調に減らし、100万円程度を残しているだけだ。今後原材料の在庫の保全には、モンキリ社の申立代理人との交渉も必要だし、当社からモンキリ社への製造委託手数料の支払債務との相殺も検討する必要があるから、早めに中村先生に相談しておこう」
　中村弁護士との打合せには、基本契約書等の証憑書類を持参していった。その帰り道、濱田は、佐々木に聞いた。
「佐々木さん、もし法友電気が従来通り原材料の寄託を続けていたら、こうはのんびりしていられなかったですね」

「そうだね、現場での交渉と並行して所有権に基づく仮処分の申立等を至急準備する必要があっただろうね。ただ、今回のように信用不安を起こしてから相当な期間が経過している場合、債務者は、資産を処分していたり、銀行に追加の担保を提供している場合もあり、そもそも当社が預けていた原材料の在庫をどの程度保全できていたかは疑問だね」

「そうですね。僕は、取引を縮小することに感傷的になってしまいました。危うく間違えた判断をして会社に損害を与えてしまうところでした」

濱田が自信を失ったかのように言うのを聞いて、佐々木は突然立ち止まった。濱田もつられて立ち止まり、佐々木をいぶかしげに見た。

「それはどうかな？　あのときもっと支援していれば、もしかすると違う展開になったかもしれないし、それは誰にもわからないよ。ただ、あの時我々が持っていた情報と許された時間の中では取引縮小という判断をせざるをえなかった。そういう制約の中で、法務部も営業部と一緒になって判断を示していくことが重要なんだと思うよ」

濱田は、また一つ、法務の仕事のやりがいを見つけた気がし、夕暮れの中、佐々木の後に続いた。

NOTE

Ⅲ　取引先の倒産

　債務者が操業を断念、倒産手続に入った際には、債権者は、会社の損害をできるだけ減額するための権利行使を行うことになります。ここでは詳細は割愛しますが、代表的なものとしては、次のようなものがあります。取引先との契約条項、取得する担保を分析の上、速やかに行動を起こす必要があります。

① 期限の利益喪失
② 債務履行の停止
③ 未履行契約の解除
④ 相　殺
⑤ 所有権留保も含めた担保権の行使

POINT

1 まずは情報収集

　取引先の信用不安が起きた際には、全体観の把握も含めた情報収集が必要です。その上で状況を分析し、対応を決めていく必要があります。

2 法務部門の積極的関与

　法務部門として、営業をリードしていくつもりで積極的・能動的に関与し、案件処理の方向性に関与していく必要があります。また、外部弁護士の起用も見据えておく必要があります。

3 横の連携も重要

　信用不安の兆候が見えた際は、予期せぬ損失を自社に短期間でもたらすことが想定されることから、経理部門等とも連携を取り、案件規模によっては経営陣にも情報を早めに入れていく必要があります。

企業法務に役立つ参考文献
①蓑毛良和＝志甫治宣編著『債権回収早わかり』（商事法務、2014年）
②権田修一『債権回収基本のき〔第3版〕』（商事法務、2011年）

法務の現場から　債権回収のやりがい

　近年、取引先の与信管理のシステム化、倒産法の整備などにより、企業法務業務における担保管理・債権回収業務の割合が劇的に少なくなっています。このような傾向は、企業のリスク管理全般の観点から見ると、むしろ喜ばしいことといえますが、一昔前の法務担当者から見るといささか寂しい気もします。なぜなら、昔の法務担当者が入社したときにまず勉強したことは、各種担保の取得方法であり、それに付随して公図・不動産登記簿の見方、確定日付の取得方法等を自分で実際にやっていく中で身につけ、教科書と実際の現場の違いを肌で覚えていきました。また、ひとたび取引先の信用不安となれば、手形のジャンプ要請から始まり、情報収集、取引先との交渉等、刻一刻と変わる緊迫した状況の中で法務部門が主体的に判断を示し、営業をむしろリードしていくことが要請されました。精神的に厳しい部分はありますが、現場の交渉はもちろん、社内的に営業を始めとした社内各部門とうまく連携しながら、当該案件を処理していく、いわばプロジェクトマネージャー的な役割を担える貴重な経験であったといえます。さらに、具体的に回収手段を講じていく中で、普段読んでいる契約書が実際にはどのように機能していくのかを見ることができる、デスクワークでは得ることのできない貴重な経験であったといえます。

　法務担当者の中でこのような機会を懐かしむ債権回収業務ファンは今でも多いのではないでしょうか。また、近年、このような経験を積む機会がなくなっていることが、次世代の法務担当者にどのような影響を与えていくかを注視していく必要があると感じます。

第18講　事業再編

会社分割を2ヵ月で!?

　ある日、濱田は、仲真宛の内線電話を取った。今日、仲真は出張で不在だった。

「経営企画部の上野だけど、仲真君いる？」

　濱田は、昨日ある契約書の審査で納期管理の失敗で現場からこっぴどく叱られたので、その挽回をしようと

「仲真さんは、出張で不在です。メンバーの濱田ですけど、私でよければお伺いします」とつい、でしゃばってしまった。

「そうか、ではちょっとこっちに来てくれるかな？」

　経営企画部が会社の中枢であることを濱田は理解している。つい、スーツの上着まで着て席を立った。

「君が濱田君かね。本当は、仲真君か佐々木君に相談したかったのだが、佐々木君も今日は休暇だからね。ちょっと聞きたいんだが、たとえば、ある事業部門を切り出して別会社にしようとする場合、大体どの程度時間をみておいたらいいのかね」

　濱田は、入社時に学んだ基礎的な会社法の知識しかないため、即答できず、「わかりました。調べてすぐに返事します」と答えた。

「ありがとう。大体でいいので今日中に教えてくれるかな。担当役員から質問を受けていてね。回答しなければならないんだよ」

　濱田は部署に戻ると、書庫から会社法関連の書籍を数冊取り出して調べ出した。

「組織再編だよな。とすると会社分割か」独り言を言いながら、濱田はある書籍の中からスケジュール表を探し出した。

「債権者異議申述手続に1ヵ月かかるのと総会招集期間が2週間だから、まあ2ヵ月もあればできるか」

　濱田は、昨日の失敗に懲りてすぐに経営企画部の上野に電話をした。

「上野部長。先ほどの件ですが、たとえば会社分割であれば、大体2ヵ月もあれば実行可能です」

「おお、濱田君。仕事が速いねえ。さすが佐々木君の部下だ。2ヵ月でできるなら、来年の予算策定に十分間に合うな。ありがとう」

　濱田は、昨日の失敗を忘れさせてくれる上野部長の「ありがとう」の言葉に、これこそが仲真がいつも言っている仕事のやりがいかなあと嬉しくなった。

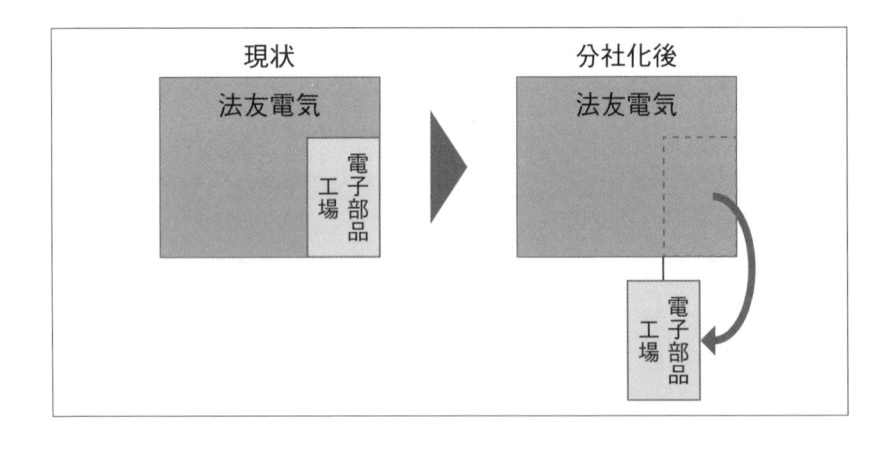

　翌日、佐々木は、出張から帰ってきた仲真と二人で、経営企画部との新規プロジェクト会議に出席していた。経営企画部の上野から、新規プロジェクトを立ち上げるのでキックオフ会議に出てもらいたいとの依頼があったからである。そのプロジェクトは、現在採算が悪化している電子部品の工場を分社化して、コスト削減による建直しを図る

というものだった。佐々木は配付された資料をめくっていて驚いた。

「分社化の期日が３ヵ月後？　こんなの絶対無理じゃないか」

　思わず声に出してしまったらしく、それが耳に入った上野部長が語気を荒くした。

「おいおい。お前のところの、名前は忘れたけど若いやつが、自信満々で２ヵ月でできると言っていたぞ」

　佐々木は仲真と顔を見合わせた。

「濱田君か……」

　立ち上がって佐々木は頭を下げる。

「上野部長。誠に申し訳ないですが、このスケジュールでは実行不可能です。確かに法律上の手続を最短でやれば２ヵ月も不可能ではないですが、労働組合との協議や、一番キーになるシステム改定のスケジュールなどを考慮に入れる必要があります。スケジュールはもっと他の関連部署を入れて頂いて、再度協議して下さいませんか」

　上野部長は不承不承ではあるが、「確かにシステムの改定には時間がかかるな。じゃあ、今度、人事とシステムも入れてスケジュールを打合せしよう」と言って、その会議は終了した。

「それは違うぞ、濱田君」

　法務部に戻ってきた佐々木と仲真は、すぐに濱田を呼び出した。

「濱田君。経営企画部の上野部長に会社分割のスケジュールをレクチャーしたらしいね」

　濱田は、少し自慢げに「はい。昨日お二人がご不在でしたので、書籍を調べてすぐに上野部長にお知らせしました。すごく感謝されていました」

　濱田がそう言い終わらないうちに、「それは違うぞ、濱田君！」と佐々木が珍しく大声を上げた。

仲真がまあまあといなすと、少し冷静になった佐々木は続けた。

「濱田君。君がしたことは、医者だったら医療過誤に当たるところだよ。会社分割が2ヵ月でできるわけがないじゃないか！」

濱田は、佐々木の大声に驚きながらも、医療過誤といわれると心外で「しかし、何冊も書籍を調べて、書いてあるスケジュール表に基づいて説明したのですが……」と精一杯の説明をした。

「濱田君。不動産しか承継財産に含まれないような会社分割ならそのスケジュールでできなくもないわ。でも、会社には、従業員や取引先やシステムもあるのよ」

仲真は冷静に濱田に語った。

「そして、従業員には家族もある」

佐々木は噛み締めるように濱田に話し出した。

「濱田君。確かに法律上のスケジュールは債権者異議申述期間の1ヵ月以外はいろいろと短縮できる。今回のような小さな部門の分割だと、総会も開催しなくていいから2ヵ月でできなくもない。

だけど、たとえば法務部が分社化されて、君が新会社に転籍しろと言われたら、どうする。また、電子部品工場は従来から業績が悪く、そこで働いている従業員の皆も必死で業績向上しようとコスト削減に取り組んできた。それが、2ヵ月後に分社化されて、別会社に転籍し

ろと言われたら、どう思うんだ。取引先も当社だから付き合ってくれ
ていたが、子会社となったら取引条件の変更を要求されたり、また最
悪のケースは契約解除ともなりかねない。

　そもそも、君はあの部門の契約書をすべて見たのかね。場合によっ
ては、Change of Control条項（経営権の異動がある場合に契約に制限
が課されたり、解除権が相手方に発生するような条項）のようなものが
あって、分割する場合は、事前に通知したりする義務が課されている
こともある。また、あの部門は米国の会社との取引もあるけれど、会
社分割の会社法の規定は、海外との取引には及ばないのが通説だ。君
が出したスケジュールは、電子部品工場の一生懸命がんばっている従
業員に対して契約書のリストアップ、海外の取引先から新会社への承
継の同意取得、労働契約承継法上の協議、その内容の家族への説明等
をきわめて短期間に強いることになる。君の同期もあの部門にいるは
ずだ。君はそんなことを彼らにさせかねなかったんだ」

　大きく息をつく佐々木の横で、仲真も続けた。

「実務上は、情報システムの構築に時間がかかるのよ。分社すると
いままで部門間の伝票処理で済んだことが、会社対会社の取引になるし、
そもそも決算を別にしなくてはいけなくなる。経理のメンバーの手配
も必要となるわ。どんなに早くても半年はシステム構築にはかかるの
よ。今、消費税増税のシステム改定対応で、システム部も多忙だから、
半年でも無理と言われかねないわね」

　佐々木は、ようやくいつもの穏やかな調子に戻って濱田の肩に手を
置いた。

「まあ、君に聞いてきた上野部長も悪いが、濱田君に一番言いたいの
は、会社には、従業員がいて、取引先がいて、そしてそれぞれに家族
があって、みんなそれぞれ想いを持って働いているということだ。パ
ワーポイントの図だけなら1時間でできるけど、その図で会社が動い
たときに、どれだけの影響があるか、何時間も何日も想像して、皆で

話し合って結論を出していかないといけないんだよ。まあ、もう時間も時間だし、久しぶりに三人で飲みにいくかね」

佐々木課長、経験を語る

　いきつけの居酒屋で、キンキンに冷えたジョッキに入ったプレミアムビールで三人は乾杯した。佐々木はハイボールに切り替えて、語りだした。

「まあ、今日は大声を出してすまなかった。でも私も昔つらい思いをしたことがあってね。上野部長は、最近経営企画部に来たから過去の件を知らないんだな。５年前に不採算の工場を売却した件を私は担当していたんだよ」

　仲真は、「私がまだ修習中でしたね。かなり話題になりましたね」と相槌を打った。

「ああ、100名近い従業員とともに、売却したからね。リストラだと騒がれたよ。私は、法務担当者として工場に出向いて、契約書の洗出しとチェックに行ったんだ。そこで工場の総務担当をしていたのが、私の同期だった。

　彼は愛社精神の塊みたいな奴で、双子の子供に『法子』『友美』と名付けたくらいだ。人事部と組合の協議も始まっていて、彼もいろいろ人事部から聞いていた。彼自身も転籍対象者であるにもかかわらず、部下からの相談にも対応していて、疲労困憊していた。打合せの後に、工場の近くの居酒屋でしこたま飲んだのだけど、彼は目にうっすら涙を浮かべながら、『佐々木、この会社の判断は絶対正しいんだよな』と何度も言っていたよ。まあ、幸いなことにその後、彼は譲渡後の工場の総務課長になって今でも元気で働いているけれど」と佐々木は濱田にゆっくりと語った。

　濱田は自分のうすっぺらさを感じて、これからどのように仕事をし

ていったらいいかわからなくなっていた。

「濱田君、法務の仕事に限らず、とにかくいろいろ幅を広げていくこ
とだ。知識と経験の両輪が君を大きくしていくんだよ。今日のことは
しっかり覚えておいて、10年後、君が部下を持ったときに、ビール
を飲みながら話してあげたらいいから」

　佐々木は、濱田の肩をたたきながら、お替りを注文した。濱田は
ジョッキを飲み干した。

NOTE

Ⅰ　組織再編とは

　持株会社化や、事業部門、工場などの事業の一部を分社化したり、子会社
同士を統合したり、企業においては、組織再編が行われることも多くなりま
した。M&Aの前提として行われることもありますが、独立性を持たせるこ
とで機動的な意思決定を行い、経営のスピードを上げるためや、コスト削減
のために行われるなど、組織再編を行う理由はさまざまです。

　合併、株式移転、会社分割や、事業譲渡などが一般的に行われる手法です
が、クロスボーダーで三角合併や三角株式交換などの手法もとられることが
あります。法務担当者としては、日常からこれらの手法について知識を身に
つけておくことが必須となっています。

Ⅱ　法務担当者の心構え

　法的知識は最低限必要ですが、企業には、株主や従業員や取引先などのさ
まざまなステークホルダーが存在します。会社分割などの組織再編において
は、法的な手続はもちろん、ステークホルダーとの関係を円滑に移行するた
めにしっかりと理解を得るなど実務上の対応が重要となります。法律書に債
権者異議申述手続に個別催告は不要と記載されていても、支払先に新しい支
払名義を連絡するため、実務上各種のお知らせを送ることもよく行われてい

る実務です。

　また、情報システムの構築などが必要となる場合、想定外の時間と費用がかかることがあります。さらに、さまざまな許認可を取得するため、スケジュールの検討や場合によっては、あらかじめ受け皿会社を設立しないと許可が下りないケースもあり、それらの洗い出しやスケジューリングが重要となってきます。

　分社化のケースなどであれば、各種社内規程類の整備や印章などの調製に始まり、インターネットのドメインの取得など一般的な法務担当者の業務の範疇を超えたさまざまな事項を一つひとつ実施していかないと、スタートの日に円滑に業務を開始することができなくなります。これらの作業においては、かなり早い段階でさまざまな部署の英知を集めて対応することが重要でしょう。

　逆に、組織再編を行う場合は、社内の情報管理を徹底しないと、対象の従業員から思わぬ反応があり、手続に実務上の支障が出ることもありえます。法務担当者としては、当事者の気持ちを汲みながら業務を行うなどの慎重な対応が必要です。

　他方、法務担当者には、さまざまなノウハウが蓄積されるはずです。これらの組織再編などのプロジェクトにおいては、中心的メンバーとして企業のダイナミズムに触れることもあり、やりがいのある仕事の一つです。

POINT

1 企業法務における組織再編関連業務の重要性

　企業内組織再編は、持株会社化や事業部門の分社化という形で各社の経営戦略の中で日常的に行われるようになっています。また、M&A後の統合過程において、さまざまな形で組織再編が行われることも多く見られます。企業法務の業務の中で重要な位置付けを占めるようになっています。

2 法令知識以外も重要

　会社法や金融商品取引法の手続上の知識を使って実際に再編手続を行うことは企業法務の重要な役割ですが、法令知識だけでは対応できないのが実情です。

3 まずは全体像の把握から

　従業員対応やシステム対応、取引先対応など法的手続以外のさまざまな対応が必要になってきます。法務部門だから法的手続だけ対応すればいいというわけではなく、全体を把握して対応していくことが重要となってきます。

　　企業法務に役立つ参考文献

　①酒井竜児編著　岩崎友彦ほか著『会社分割ハンドブック〔第2版〕』
　　（商事法務、2015年）

依頼部門の体質を知る

　法務担当者にとって「事実を聞き出す力」は重要なスキルです。何かトラブルがあったときはもちろんのこと、平時の契約書作成にあたっても、一体どういう取引をしたいのかを正確に理解することがすべての始まりといえるのではないでしょうか。さらに一歩進んで、事前に依頼部門の体質を知っておくことはとても大切です。

　たとえば、上司と担当者がペアで相談に来たときに、おそらく事案を一番理解しているのは担当者だと思いますが、①上司がひたすら話をする場合、②担当者が話して適宜上司が補足する場合、③上司はついてきただけという場合、などいろいろなパターンがあります。この中で、最も気を付けなければならないのは①の場合です。依頼案件自体をよくわかっていない上司が、自分の理解だけでストーリーを作り、一方で担当者は上司の間違いを指摘できない。その案件に関わる事実が正しく法務に伝わらないパターンです。

　これは②や③の場合でもありえます。なぜなら、上司の前では悪い情報を出さないことがあるからです。上司は絶対であり、逆らえない体質の部門はどの会社にでもあるのではないでしょうか。そのような部門からの相談に対しては、質問を繰り返して事実を引き出したり、後から担当者に直接電話で確認することによって、聞いた内容の正確性を確認するステップを入れたほうがよいかもしれません。

第19講　M&A

✛緊急会議招集

　ここはドイツのデュッセルドルフ。佐々木と濱田は、フランツシュタイン社買収の契約調印式に臨んでいた。晴れやかな式典の中、末席の濱田は佐々木の横でぼんやり式典の様子を眺め、ほぼ1年前の初冬に、この買収について始めて聞いたときのことを思い出していた。
「あれから1年経ったのか……いろいろ大変だったなあ……」

　話は遡り、濱田が法務部に配属された年の11月初旬の水曜日、濱田は仲真に声をかけられた。
「濱田君、悪いけど今日の6時から空いてる？　営業から緊急の会議が招集されているんだけど」
　内心では今日は早く帰ってゆっくりしようかと思っていた。しかし張りのある仲真の声に押されてしまった。
「もちろん空いてますよ。何かあったんですか？」
「んー、私もよく聞いていないんだけど、新規の取引らしく、法務部以外の部にも声がかかっているみたいだから、大きな案件かもしれないわね。まずは話を聞いてみましょう」
　その日の夕方6時、本社の会議室に法務部、経営企画部、財務経理部、知的財産部、人事部の担当者が集まっていた。全体の進行役である営業管理本部の新橋部長は緊張した面持ちで話を始めた。
「実は現在、法友電気はドイツの会社の買収を検討中であり、オー

ナーと交渉しています。配付資料を見て下さい」

　配られた資料紙一枚には、買収対象会社の概要と買収目的・スケジュールなどがパワーポイントの関係図とともに簡単に記載されていた。新橋は続けた。

「ご存知の通り、当社は中期経営計画の中で、最近の中国、東南アジアの大気汚染、富裕層の拡大の中で加湿・空気清浄器の売上拡大を狙っています。ただし、大手家電はどこも参入している市場で、製品の機能も平準化しており、新たな機能をもった差別化が市場シェアを奪うためにはどうしても必要と考えています」

　出席していた誰もが、新橋の話にうんうんとうなずいた。

「そこで当社は現在の加湿器の問題である水垢、ミネラル分の凝固・付着に着目し、そこを改善する技術を持つ企業サーチを１年間かけて行ってまいりました。その中で対象企業を五社程度に絞り、具体的にアプローチをかけていくにあたり、この会社に絞られてきたのが現状です」

「ちょっといいですか」経営企画部長の上野が発言を求めた。

「具体的な条件はどう考えているのですか？」

「基本的には100％出資の現在のオーナーからの株式購入による買収でUSD50M（million）ぐらいを想定しています。まだまだ詳細な交渉は行っておりません」

　柔和な物腰で新橋がこう答えると、知的財産部長の大塚も質問を継いだ。

「基本的には彼らが持つ技術力を狙った買収と思いますが、技術についてはパテント化（特許）になっているのでしょうか？」

「申請途上の特許がいくつかあると認識していますが、登録まではいっていないと理解しています」

　新橋がこう答えた後、法務面、財務面にわたるいくつかの質問があったが、まだ会社の内部状況がわかっていない中で新橋の回答も抽

象的なものに止まらざるをえないところもあり、20分程で発言する者はいなくなってしまった。

　こうなることを察していたのか、新橋は改めて笑顔を見せると、左手を首元にやり、ネクタイを締め直す仕草をしながら話を始めた。

「いずれにしても今後具体的に詰めていくべきことは山ほどあります。ただ、現在予定しているスケジュール感で進めていくためには、全面的に皆様の支援を頂く必要があると思っております。

　そこで私から提案があります。本件についてワーキング・チームを結成して本件を進めていきたいと思いますがいかがでしょうか？」

　ここで人事部長の恵比寿が発言した。

「人事部としては、ワーキング・チームに入る必要はないんじゃないかと思いますが？」

「本件は技術獲得を狙った買収であり、この会社の技術陣の確保が最も重要な課題と認識しています。その点で人事部には、現状の彼らの雇用条件の精査、および買収後の人事施策等、お力を貸して頂きたいと考えています。

　それでは毎週水曜のこの時間はワーキング・チームにご参集いただき、定時ミーティングを持ちたいと思います。今日はこのあたりで終わりたいと思いますが、法務部の仲真さん、今後の進め方をもう少し相談したいので、残ってもらえますか？」

　皆がどやどやと会議室を去って行った後、仲真と濱田は皆が座っていた椅子を整えていた。会議出席者の中では若輩であることもあり、こういう後片付けも大事な仕事だ。そうこうしているうちに、一度自室に帰った新橋が戻ってきた。

「仲真さん、今後の具体的な進め方について法務の視点からアドバイスを頂きたいのです」

　三人がロの字型の角に改めて着席すると、仲真が話し始めた。

「まずは、法友電気としては、守秘義務契約、さらにレター・オブ・インテント（LOI）を締結し、一定期間の独占交渉権（Exclusive Right）を確保することを目指すべきでしょう」

「了解しました。仲真さんのところにLOIのフォーマットはありますか」

「はい、過去のサンプルをいくつか見てみます。ただ、すぐにデューデリジェンスに入る必要もあることから、外部弁護士を早急に決め、そこにもLOIを見てもらうほうがよいと思います。弁護士事務所について、新橋さんのご希望はありますか」

「いや、弁護士選定も含めて、仲真さんに検討して頂ければと思います。どうか進めて頂けますか」

新橋の表情と声音には、仲真への全幅の信頼感がにじみ出ていた。

「了解しました。本件はドイツの会社であることから、ドイツにネットワークをもったグローバルな大手弁護士事務所を使うべきです。具体的な選定に入りたいと思います」

法務部に戻り、仲真は濱田に言った。

「こういう買収案件はなかなかないから、ちょっと早いけど濱田君もできるだけついてきてね。今、新橋さんに説明したことを、後でもう少し補足しましょうね。

　こういう大きな案件を数ヵ月にかけて進めていくためには、細部の詰め・問題に対応することはもちろん重要なんだけど、社内外との連携をうまく行いながら、全体観を失わないように進めていくことも重要よ」

　濱田は、また忙しくなるなあ、と思う反面、初めての買収案件担当に心がはやっていた。

NOTE

Ⅰ　M&A案件における一般的プロセスと留意事項

　近年のM&A急増の中、企業法務におけるM&A関連業務が占める比率は大きくなってきています。以下、簡単にM&A業務の流れを示します。なお、ここでは、海外非上場企業の100％買収案件を想定しています。

対象会社の選定・接触	・企業による濃淡はあるが、この過程で法務が関与することは通常あまりなく、営業等が中心となって進める。
LOI（Letter of Intent）の締結（守秘義務契約が先行することも多い）	・各種DDを始める前（コストがかかり始める）にLOIを締結し、一定期間の独占交渉権を獲得することが望ましい。 ・LOIにどの程度の条項を織り込むかは、ケースバイケースだが、買収スキーム等、大枠は合意しておきたい。 ・買収金額をどの程度コミットするかは、たとえnon-binding（拘束力がない）であっても、金額が一人歩きすることもあり注意を要する。
対象会社の各種Due Diligence（DD）の実行	・DDの実行は通常現地弁護士・会計士等を起用する。 ・DDのScopeは、ビジネス、法務（Anti-bribery・環境含む）、会計・税務、人事、技術（IT）等がある。 ・懸念点が抽出されれば、その重要度に応じて、事前に治癒させる、買収契約のindemnify（補償）の対象にする、買収金額の調整項目にする等、の対応を行う。

Definitive Agreements （買収契約等）の交渉・締結	・各種契約の作成も外部弁護士を起用するのが一般的。 ・上記LOI作成の段階から事務所起用を進めておくこと が望ましく、また、当該事務所経由で上記DDを行う ことも考慮する。
買収の実行	・各種前提条件（許認可、対象資産選別等）を満たした 上で買収金額の払込み、当該会社の取得を行う。
Post Merger Integration （PMI）の実行	・買収後にいかにして対象会社と自社との融合を図り、 シナジーを発揮していくのか、本プロセスが重視され ている。

✛ 取引成就までの障害

　毎週の定時会合を行いながら、弁護士事務所の選定、LOIの作成を進めていく作業は順調に進み、いよいよ各種デューデリジェンスに着手する段階まで来た。そんなある日、仲真と濱田は、営業から呼び出しを受けた。会議室に行ってみると、そこには新橋と上野がいた。

「実は先方から厄介な話が来ましてね……今回の対象企業には、以前は別の部門があり、2年ほど前にその部門を切り離して某欧州メーカーに売却した経緯があります。その部門を売却した際に、今回の対象企業を売却する場合には某欧州メーカーに先買権（First Refusal Right）を4年間与えている旨合意しているとのことなのです。

　先方としては、今回の対象事業は某欧州メーカーが興味を示す事業ではなく、彼らが先買権を行使する可能性はないから、このまま買収作業を進めてほしい。何なら買収契約に当社には迷惑をかけないことを誓約していい、とまで言ってくれています。

　私としては、この先2年間は待てないし、先方も迷惑をかけないと言ってくれているからこのまま進めたいと思うのですが、問題はありませんか？」

　しばらく思案していた仲真は、口を開いた。

「たとえ相手側から補償を取ったとしても、このまま買収に踏み込むには、先買権を持つ某欧州メーカーとの訴訟に巻き込まれるリスクがあり、あまりにも大きなリスクと言わざるをえません。2年間待つ、あるいは先買権を持っている某欧州メーカーに、当社への売却を打診し、先買権を行使するかどうかを聞いてみてもらうしかないと思います」

　仲真の発言に対して新橋は、やや気色ばんで言った。

「本件はいまや会社の最重要戦略案件なんだ。先方が責任を持つと言っているのに、それを信じないというのでは信頼関係も壊れてしまうじゃないか」

　仲真は毅然として言った。

「わかりました。まずは上司と相談しますが、本問題は法務だけで決められる問題ではありません。社内関係部門と経営の判断を仰ぐべきです」

　その後、佐々木は仲真の意見を支持し、関連部門もおおむね法務の立場を支持したが、営業サイドはなかなか納得せず、結局社長のところまで話が行き、社長にて判断することとなった。

NOTE

Ⅱ　社内手続

　自社にとって大型のM&A案件は、対外的な交渉・作業はもちろん、そのインパクトを考慮し、社内的にも適切な検討・手続が取られるように注意を払う必要があります。一方で多くのM&A案件はタイミングが重視されており、通常は相手側から厳しいスケジュールが課されており、社内的にも軋轢を生むことがあります。

① 　いたずらに時間をかけることは許されませんが、大きな問題がある場合は、その解決に必要な時間は割かねばなりません。
② 　案件を推進したい社内部門と意見調整を図った上で折合いがつかなければ、経営陣に話を持っていくなど、会社の意思決定が適切になされていることを担保することも法務部門の役割です。
③ 　経営陣に話を持っていく際には必要な判断材料が提供されていることを手当する必要があります。

◆Due Diligenceと外部弁護士

　結局、法友電気では、法務の意見が社長からも支持され、某欧州メーカーに当社への売却ならびに先買権行使の有無が打診された。関係者が祈る中、某欧州メーカーからは、先買権を行使することにつき興味がないことが確認され、関係者一同、ほっと胸をなでおろした。LOIが無事調印され、いよいよデューデリジェンスに進むことになった。

　仲真と濱田も、この全社的な緊張感の中にいた。

「やれやれ、デューデリジェンスは、外部弁護士に任せておけばいいから、少しは気を抜けますね」

「濱田君、残念だけど、そうもいかないわよ。もちろん今回の弁護士事務所は比較的信頼できる事務所だけど、当社の業態、M&Aの狙いといったことを考慮して我々法務部がしっかり見ていかないと、無駄なところに時間・コストがかかり、肝心なところが見られていないことにもなりかねないのよ。もう一度案件概要を整理して、しっかり弁護士事務所に指示を出さないとね」

NOTE

Ⅲ　Due Diligence（デューデリジェンス「DD」）

Due Diligence（DD）とは、買収の対象会社の資産価値や想定される収益力、リスクを詳細に調査・分析することです。DDには、会計・税務面から行うDDや、法律面で行うDD、また対象会社のビジネスをより把握するためのビジネスDD等があります。法律DDについては、通常、外部弁護士を起用し、信頼できる弁護士事務所であれば一定の作業手順・スコープがすでに定型化されており、法務部がDD作業内容に深く関与する必要性は比較的小さいと思われますが、次の点には留意が必要です。

① 対象会社等、適切にスコープが設定されているか？　たとえば、対象会社が他国に子会社を有する場合、起用弁護士事務所で対応できるかを確認する必要があります。

② 対象会社の業種、M&Aの狙いによっては調査に濃淡を付けることも検討する必要があります。たとえば今回の事例では、その技術関連（特許、技術スタッフ）については重点的に調査する必要があります。

③ まだ開発途上の案件を買収する場合、最終操業までの許認可を取得していないことが一般的ですが、最終的な許認可取得までの手続等を確認しておく必要があります。

④ 現地の弁護士事務所を起用する場合、当該事務所がグローバルな基準で精査を行っているか、注意を要します。たとえば、反腐敗・環境規制等は世界的な潮流でより厳しい法規制の導入・運用がなされてきています。現地弁護士事務所がかかる視点をもって精査をしているかを注意する必要があります。

⑤ 対象会社から十分な資料が提供されているか常に注意を払い、問題が生じている場合は他部門と連携し、適切に対応する必要があります。

⑥ 日本では株主が株主責任を法的に問われる場面は限定的ですが、国・産業によっては労働・環境等について株主が法的に責任を負う場合もあ

✛ 契約締結～クロージング～PMI

　Due Diligenceで見つかったさまざまな問題を手当しながら、社内稟議取得、買収契約の交渉まで漕ぎつけ、当初の予定を大幅に超過しながらも、今日の調印式を迎えた。

　濱田は、席に座りぼんやりと調印式の様子を見ながら「いろいろ大変だったけど、これでひと安心だ。しばらくは、M&Aはいいかな」と考えていた。

「濱田君、ぼうっとしている暇はないぞ。買収金額の払込みまで気を抜けないし、その後には大事なポスト・マージャー・インテグレーション（Post Merger Integration「PMI」）も控えているんだぞ」

　濱田は、佐々木の言葉にはっとした。

　確かに……仲真さんも『一番大事なのはPMIよ』と言ってたな。でも、せめて今日は余韻に浸りたいよ。

NOTE ≣≣≣≣

Ⅳ　M&A契約の作成

　本書ではM&A契約の個別条項解説は行いませんが、通常M&A契約の作成は外部弁護士を起用することが通常と思います。そのプロセスでの法務部門の役割は以下が考えられます。

　① 会社としてM&Aの狙い、各部門からの要請等が正確に反映された契

約書を作成することが重要です。対象会社の技術が欲しいのか、販売網が欲しいのか、その狙いに応じて会社の利益が適切に守られているように手当をすることが重要です。

② M&A契約の条項は、判例・市況動向（売り手市場／買い手市場）によって変遷しています。法務担当者は、その動向に注意を払い、会社が締結する契約がその潮流からかけ離れていないように注意を払うことが重要です。

Ⅴ　Conditions Precedent（前提条件）の成就

契約が締結されても、すぐに買収が実行されることは通常なく、各種のConditions Precedent（前提条件）を成就する作業が必要となります。買収に際しての各種許認可を取得（各国での独占禁止法関連の届出等は特に重要ですので早めの検討が必要です）する必要がありますし、案件によっては、対象企業に買収対象ではない資産が含まれている場合もあるため、その切離しが求められることがあります。また、デューデリジェンスにおいて懸念事項が発見されれば、それらは治癒されなければなりません。法務部としては以上のようなConditions Precedent（前提条件）を適切に管理していく必要があります。

Ⅵ　ポスト・マージャー・インテグレーション（Post Merger Integration「PMI」）～日本企業の新たなチャレンジ

昨今日本企業のM&Aの成功例が少ないのは、Post Merger Integrationを軽視しているからではないかと言われています。対象会社とどのように融和して、期待した買収効果を出していくかは、日本企業の大きなチャレンジであり、成功例の積上げを待つ必要があるといえるでしょう。ビジネス・営業面での予定していた合併の効果を発揮することはもちろん、本来は会社のIT分野、人事面等の職能分野でも統合（Integration）を図りシナジーを出していくことが今後の課題と考えられます。

PMIを行う上で、以下のような課題があるといえるでしょう。

① まずは言語の壁を乗り越える必要があります。グローバルではすでに English ＋ One（英語＋もう一つの他言語）と呼ばれてきている中、緊急の課題ではないかと思われます。
② また、日本企業は、比較的子会社運営について「管理する」姿勢が強調されている傾向があると思います。一方、日本の人事管理、IT等でグローバルに受け入れられるプラット・フォームを提供できる企業はまだ限定的であり、今後の課題ではないかと思われます。
③ さらに対象会社に打ち出すべき明確な自社の理念・意義があることも重要と考えます。
いずれも今後の分析と知見を蓄えていかねばならない分野です。

POINT

1 他部門との連携が大事

　M&Aは、税務・会計から人事・ITまでが一体となって対応していくことが成功可能性を上げていくために必要です。法務部門もLOIの作成〜DDの実行〜買収契約等の関連契約の作成〜条件成就・PMIまでと機能を発揮する必要がありますが、常に他部門との連携を意識する必要があります。

2 M&A市場を意識した業務遂行が必要

　M&Aも、マーケットのトレンドで買収金額の算出方法、契約条項等が年々変化しており、また、表明保証保険等の新たな保険商品も開発されるなど、日進月歩です。法務部門もこのようなトレンドについて常に知見を持ち、個別案件に対応していくことが必要です。

| 企業法務に役立つ参考文献 |

柴田義人＝石原坦＝関根良太＝廣岡健司編『M&Aの基礎』（商事法務、2015年）

<u>法務の現場から</u>　倫理──仏作って、魂入れよ

1　企業不祥事の続出

　企業の不正や不祥事が跡を絶ちません。

　不正や不祥事を防ぐ仕組み（制度・システム）として、コーポレート・ガバナンスや内部統制、コンプライアンスなどがあります。

　コーポレート・ガバナンスは、経営陣を対象とする、株主目線の経営効率化と経営監視を目的とした企業統治の仕組み、内部統制は、業務執行サイドを対象とする、業務の有効性、財務報告の信頼性、法令遵守の確保などを目的とした自律的な内部牽制の仕組みです。

　また、コンプライアンスは、全社を対象とする、法令をはじめとした社会規範の遵守を目的とする社内管理の仕組みです。

　企業法務も、内部統制の一端として、法的なリスクを予防するために、日常からそのチェック機能を働かせています。

　このように、不正や不祥事を防ぐための仕組みは、二重、三重にも張りめぐらされているのですが、なぜ企業における不正や不祥事の発生が繰り返されるのでしょうか。

2　統制環境（企業風土）整備の大切さ

　それは、いくら仕組みが整っていても、統制環境が整備されていないからです。

「仏作って、魂入れず」という言葉があります。

　仏は、コーポレート・ガバナンスや内部統制などの仕組み、魂は、統制環境です。統制環境の整備とは、言い換えると意識改

革・組織風土改革に他なりません。つまり、いくら体裁を立派に整えていても、心がこもっていなければ、役に立たないということです。

それでは、役職員一人ひとりの意識を変え、会社全体としての組織風土を変えて、不祥事の発生を防止するには、どうすればいいのでしょうか。

そのためには、①トップのコミットメント、②適正な業績評価制度、③良好なコミュニケーション、④倫理の尊重が必要です。①〜③が手段、④は結果ともいえます。

ここでは倫理に焦点を合わせて解説することとしましょう。

3　倫理とは

「倫」という字は、人の輪を、「理」という字は、筋道や法則を表し、「倫理」とは、人の中で、守るべき筋道を指します。倫理という言葉は、日本でも江戸時代には使用されていることが確認されていますが、近代的な倫理の研究については、海外から倫理学（ethics）が入ってきたことにより始まります。

倫理学は、広義の哲学に含まれ、規範やそれを正当化する根拠を考える学問です。

倫理は、法と同様に規範であり、道徳とほぼ同義として使用されます。法は国家から強制を受け、倫理や道徳は社会や自分の心から強制を受けるものです（ちなみに、宗教戒律は、天罰による強制を受けます）。倫理は、法と違って明文化されていませんし、明確な罰則もありません。

したがって、「この行為は、本当に正しいことなのか？」、「この場合、この行為をすべきではないか？」、「この行為を他人がした場合、自分はどう思うか？」などと自問し、自分で判断する作

業や高い意識が必要となります。

4　おわりに

　日本法律家協会では、法曹倫理として、①独立性、②廉潔性、③品位維持を挙げています。職業倫理の1つで、法曹と企業法務パーソンでは、立場が異なりますが、参考になるかと思います。

　また、前述のコンプライアンスですが、これは、単に法令を遵守するだけではなく、倫理や道徳を含めた社会規範に従うことを指します。

　我々企業法務に携わる者は、独善的にならないよう注意を払いつつ、常に高い倫理意識を持って、清く・正しく・美しく、そして楽しく仕事に励もうではありませんか。

　以上については、日本法律家協会編『法曹倫理』（商事法務、2015年）が参考になります。

第20講　情報管理

中途採用と秘密の保持

　2月は「逃げる」という。その慌ただしさの中、海外事業本部の山田部長から法務部の共通アドレス宛に「3月に中途採用を検討しているが、留意点について教えてほしい」との一通のメールが入った。

　仲真は、「濱田君、来週の木曜日の予定は空いているわね。海外事業本部との打合せに同席してもらうので、過去の資料と社内規程を確認の上、海外事業本部に回答するポイントを整理しておいて」と濱田に指示した。

　濱田が過去の資料を探したところ、5年前に営業秘密管理規程の導入にあたって検討した資料が出てきた。法友電気では、実は5年前に営業秘密管理規程を導入したものの、全社に定着しておらず、濱田も新入社員研修で説明を受けた程度で、規程を十分に理解していない。「どれどれ、不正競争防止法の営業秘密？　ふ～ん、経済産業省が定めている営業秘密管理指針っていうのもあるのか、考えてみれば産業スパイってニュースでは見たことがあったけど、仕事でこんなこと考えるとは、思ってもみなかったな。大学の刑法の授業では情報は財物には当たらないから、情報を盗っても窃盗罪は成立しないって教授が言ってたっけ」

　濱田は、過去の検討資料を読み進めていった。法友電気では、就業規則に定めがあるということで最終的には導入が見送られたものの、退職時に秘密保持義務や競業避止義務を課す誓約書に関する留意点が

まとめられていた。「なるほど、期間や代替措置などの点を考慮しな
ければ、効力に疑義があるようだけど、採用にあたって、前の職場で
こういう誓約書を提出していないかは要確認だな。前職の営業秘密を
持ち込まれたり、社内で使用されたりすると当社が営業秘密侵害と
して刑事罰を受けたり、民事上の差止めや損害賠償請求を受けること
にもなるのか。そこも気を付けないと」

　濱田は、残業で一人残ったフロアでつぶやいた。

　木曜日の午後、海外事業本部との打合せが行われた。

　仲真と濱田が会議室に入ると山田部長から、「いやあ、仲真さん、
この忙しいときに悪いね」とねぎらいの言葉がかけられた。さすが山
田は、営業のキャリアが長いだけあって気遣いができる。

「山田さん、ご無沙汰してます。今日は、濱田君と一緒に説明します
のでよろしくお願いします」と仲真は、笑顔で山田に返した。

「はじめまして、濱田です。法的留意点をまとめてきましたので、後
ほどご説明します」濱田は緊張気味に挨拶をした。

「では、簡単に概要から説明するね。当部では、事業拡大に伴って海
外営業の経験者を募集していて、この３月に採用を考えているんだ。
これまで書類選考と面談で候補者を数名まで絞ったんだが、その中
に競合のSHエレクトロニクスの部長が応募してきているようなんだ。
SHエレクトロニクスといえば、白物家電の分野で世界的なシェアも
高く、彼の人脈を使えば当社の売上げは飛躍的にアップするという
思惑もあるんだが、少し気になって相談させてもらったということな
んだ。この件は人事部に相談しながら進めているんだが、人事部から
法務部に確認しておいてほしいということだったのでメールをさせて
もらったんだ」と山田から背景の説明があった。

「なるほど、わかりました。人事部もこの案件は承知しているんです
ね。では、法的な留意点について説明します。では、濱田君、説明を

始めて」仲真は、濱田に促した。

「では、ご説明します。中途採用される従業員が前職との間で秘密保持義務や競業避止義務を課されていないか、また当社での業務がその義務に違反しないかを確認しなければなりません」

「ちょっと待って。キョウギョウなんとかギムってどういうことかな。字も思い浮かばないよ」

「失礼しました。競合企業などで働くことを禁止する義務のことで、競業避止義務といいます」

「なるほど。で、秘密保持義務や競業避止義務については、面談で本人に聞けばよいということかな。万一、秘密保持義務や競業避止義務を負っている場合は採用すべきではないと考えるべきかい」

「それはですね……」

採用すべきでないとまで言っていいのだろうか。濱田は詰まってしまった。

「それは、個別の内容にもよりますが、採用できないということは少ないと思いますよ。採用をするからには、本人からどんな秘密情報を扱っていたかということを把握した上で、秘密情報を社内に持ち込ませないようにして下さいね。競業避止義務については、職業選択の自由との関係で限定的にしか認められません。ただ、場合によっては、特定の地域や分野の業務は一定期間してもらえないかもしれません」

仲真がすかさず助け舟を出した。

「なるほど。それでは、改めて相談したほうがよさそうだな」

「そうですね。面談でしっかりヒアリングをお願いします。ご本人からSHエレクトロニクスに提出した誓約書のコピーなどが入手できるといいんですが、なければ、秘密保持の対象となる情報が特定されていたか、秘密保持や競業避止の期間の設定があったか、競業避止の範囲が特定されていたかなどについて聞いてみて下さい。結果をお待ちしてます。入社にあたっては誓約書を提出してもらったほうがよいか

と思いますので、こちらでご用意します。濱田君、お願いね」

「はっ、はい」

　仲真のフォローによって無事に海外事業本部との打合せは終わったが、濱田は、残業してまで一生懸命に調べたのに実務で使える知識になっていないことを痛感し、がっかりした。

　２週間後、山田部長から仲真宛に内線が入った。顧問先の弁護士事務所に外出中だと告げると濱田が指名された。

「やあ、濱田君。このあいだはどうも。昨日、候補者と面談をしたんだけど、ちょっと相談に乗ってくれるかい」

「はい。私がわかる範囲でしたら……」

「実は、候補者のうち、一番いいと思っている人が案の定、退職にあたり誓約書を提出しているようなんだ。で、詳しく聞いたところ、詳細な説明は受けず、ただサインして提出するようにと言われたらしい。コピーをもらったんだけど、抽象的なんだよね。今メールに添付して送ったから見てくれる？」

「なるほど。『在職中に知り得た一切の情報を漏らしません』って書いてありますね。それに『退職後競合企業で働きません』とも。これ以外には誓約書などを提出していないということでよろしいですか？この方の前職でのキャリアはどんな感じかわかりますか？」

「確か誓約書を書かされたのは初めてだって言ってたな。この人は、海外での営業経験が豊富で、アメリカを中心に医療機器の販売のマネージャーをしていたようなんだ。うちでは、東南アジアの営業部門の責任者にと考えているんだ」

「なるほど、アメリカの医療機器ですか。競業避止の面では問題ないと思います。あとは秘密を持ち込ませないことですね。秘密を持ち込ませてしまうとうちが刑事罰や損害賠償の対象になるので気を付けて下さい。誓約書を作ってお送りしますね」

「ホッとしたよ。ありがとう。仲真さんがいないとダメかと思ったけど助かったよ。お礼というわけではないけど、今度、一杯いくかい？」

「あっ、ありがとうございます！　是非ご一緒させて下さい」

　電話を切った濱田は、充実を感じながら、佐々木の席に向かった。

「佐々木さん、ちょっといいですか。海外事業本部からの相談案件についてのご報告をさせて頂こうと思いまして」と濱田は佐々木に経緯と対応を報告した。

「濱田君、ご苦労さん。仲真さんには後で報告を忘れないように。山田さんから飲みに誘われるとは、信頼を得ることができた証拠だね」

個人情報保護監査

　ある日、佐々木が濱田を席まで来るように呼び、

「濱田君、個人情報保護法については一通り理解してるかい。法務部が個人情報保護委員会の事務局の一員だということは君も知っていると思うが、年に一回事務局部門で手分けをして個人情報の管理状況について監査を行うことになっているんだ。今年は、法務部が営業管理本部の委託先である広告代理店を担当するんだが、実は、私と仲真さんも出張が入ってしまってどうしても外せないので、濱田君に監査員をやってもらいたいんだよ」と言った。

「私に監査員なんて務まるでしょうか。しかもいきなり社外の委託先に行くなんて荷が重いです」と濱田が情けない声で返した。

「今日は、やけに弱気だな。昨夜の飲み会で、もっと仕事を任せて下さいって管を巻いていた勢いは、どこにいってしまったんだ（笑）。まあ、冗談はさておき、監査までにはまだ1ヵ月以上ある。必要な事項は仲真さんからしっかりレクチャーしてもらうから大丈夫だ。いい経験になるよ」

　たしかに濱田は昨晩、佐々木に嚙みついた。海外事業本部の山田に

褒めてもらった件があったからだろうか、少し気が大きくなっていたようだ。

「わかりました。がんばってみます」濱田は、気まずそうに答えた。

　ところで、法友電気は、約七万件の個人情報を保有している。その内訳は、お客様相談部門が有する一般ユーザーのお客様情報が一万件、人事部が有する従業員、OB・OG、採用希望者等の個人情報が二万件、総務部が有する株主の個人情報としての株主名簿が一万件、営業管理本部が有する消費者キャンペーンの応募者やメルマガ会員の個人情報が三万件といったところである。

　そして、今回、法務部が担当するのは営業管理本部が主管する個人情報であり、それらは主に業務委託先である外部の広告代理店が管理している。

「濱田君、個人情報保護監査のレクチャーはいつから始める？　１週間ほど前、読んでおくように言っておいた経済産業分野における個人情報のガイドラインはもう頭に入った？」と外出先から帰ってきた仲真が濱田に声をかけた。

「一通り読んで、大体のところは理解したつもりですが……」

　濱田の自信のなさを見越したように、仲真は言い放つ。

「大体では不十分ね。監査当日までにはしっかり理解しておかないとね」

「はい……」濱田は仲真と目を合わせることができなかった。

「まず、監査に先立って、社内・社外ともチェックシートを配付して自主的にチェックをしてもらうの。これがチェックシートの様式よ」と仲真が濱田にチェックシートを示しながら言った。

「プライバシーマーク、入退室管理、アクセス制限、暗号化措置、廃棄……ガイドラインで学習した内容がずらっと並んでいますね」と濱田がチェックシートを手に取り、記載内容を確認していると、仲真が

続けた。

「こちらのチェックシートは事前に提出してもらっているから、その記載内容の確認と実際の管理状況の確認が監査の中心よ。私が広告代理店の担当だと仮定して、さっそく監査をしてみて」と仲真は、業務委託先である広告代理店から提出された実際のチェックシートを濱田に渡して言った。

　あまりに突然のことだったので、濱田は面食らった。仲真はすでにこちらに向き直って面接のようにかしこまっている。

「いきなりですね。なんだかやりにくいな……。

　では、いきますよ。さっそくお聞きしますが、御社はプライバシーマークを取得しておられるとのことですが」と濱田は自分の中にある監査員像を思い浮かべながら仲真に問いかけた。

「はい、5年前から取得しておりまして、先月、審査を終え更新したところです」と仲真は返してきた。

「では、念のため登録証を拝見してもよろしいでしょうか」と濱田は、本番さながらに監査を進めていき、仲真も手持ちのファイルから書類を見せる仕草等で応対した。

「次は、教育の記録を確認させて下さい。正社員以外で個人情報を取り扱う方はいますか」

「教育記録はこちらです。当社全従業員は、年一回個人情報のeラーニングを受講することになっており、全問正解するまで終わることができない仕組みです。ご覧いただいた通り、受講率は100％です。あと、主に個人情報を扱う消費者キャンペーンの担当部署には、さらにコンプライアンス室が実施する個人情報研修を受講してもらっています。こちらが受講履歴です。御社から委託を受けている個人情報は当社内では正社員以外が取り扱うことはありませんが、一部入力作業を専門業者に再委託しています」

　仲真の説明は立て板に水のようである。

「なるほど。社内における教育は十分できていますね。では、再委託先での教育状況はいかがでしょうか？」と少し余裕がでてきた濱田は、表情と身振りを交えながら質問を重ねる。

「再委託は、御社の営業部に事前承諾を得て実施しておりましてISMS認証をとっている企業です。当社としては、２ヵ月前に監査し問題ないことを確認したばかりです」

そういう仲真も両腕を開き、何か問題ありますか、とでも言いたげなポーズをとった。

「わかりました。結構です。次に……」と頭の中ではISMSって何だっけと不安になりながらも、仲真に気付かれまいと必死に返した。こんなやりとりを続けながら、監査のデモンストレーションは、２時間に及んだ。

「濱田君、監査員合格よ。一、二回、わからなかったことがあったようで目が泳いだときがあったけれど、まだ時間はあるわ。当社の代表として自信を持って監査してきてね」仲真が告げた。

予定されていた監査日程の前週に佐々木と仲真の予定していた出張の延期が決まった。結局、濱田は、佐々木の補佐として個人情報保護監査にデビューすることになった。

監査には、３時間程の時間を要したが、チェックシートに記載されたことがしっかり実践できていることが確認され、特段指摘すべき事項もなく終わった。訪問先の広告代理店のビルから出るや否や、監査の間、ずっと黙って聞いていた濱田が、興奮気味に佐々木に話しかけた。

「虹彩認証システムなんて生まれて初めて見ましたよ。SF映画の世界だけじゃないんですね。いやあ、さっきの会社の個人情報管理はすごかったですね。あそこまでしていれば漏れることはありませんね」と、こらえていた感激が堰を切って溢れ出した。

「確かに管理の水準は高かったけど、扱っている個人情報の件数も膨大だからね。監査員が圧倒されてどうするんだい。我々は冷静に運用がしっかり行われているかを監査しなければならないんだよ。……あそこまでシステマチックになっていると、例外的な運用をお願いしたときに対応ができないかもしれないな。そのあたりの管理が徹底できているかは少し心配だ。それはそうと今日の監査結果は明日までに報告書にまとめておくように。営業管理本部への報告は濱田君が中心にやってもらうからね、頼んだよ。あと、個人情報保護委員会の事務局で新年度に向けて個人情報保護法の e ラーニングを更新することになっているんだけど、いい機会だから法務部からは濱田君に参加してもらうことにするよ。情報システム部と監査部の担当との共同作業だから法律以外の点でいろいろと勉強になると思うよ」

　あくまでも冷静に濱田に語る佐々木であった。

NOTE

Ⅰ　営業秘密とは

　「営業秘密」とは、不正競争防止法において定められており、秘密として管理されている生産方法、販売方法その他の事業活動に有用な技術上または営業上の情報であって、公然と知られていないものをいいます。これらは、①秘密管理性、②有用性、③非公知性と呼ばれ、不正競争防止法に基づく保護を受けるための要件となります。

　企業間で秘密情報をやり取りする場合は、秘密保持契約（第 6 講参照）を締結した上で、情報の収受の方法としても、メールの添付ファイルにパスワードを設定し、パスワードを別送するということが多くなっています。また、退職後の従業員や派遣社員等を介して営業秘密が持ち出され、競業他社に持ち込まれるということも多くなっており、退職者から営業秘密を守ること、中途入社する従業員が社内に他社の営業秘密を持ち込むこと（会社が採

用条件として意図的に中途採用者に営業秘密を持ち出させることを含む）などにも注意が必要です。

Ⅱ　個人情報管理

「個人情報」とは、生存する個人に関する情報であって、当該情報に含まれる氏名、生年月日その他の記述等により、特定の個人を識別することができるものとされています。個人情報管理については、入退室管理等の物理的安全管理措置、従業員教育や誓約書の取得等の人的安全管理措置、コンピュータウィルス対策や個人データへのアクセス制御やアクセスログの取得等の技術的安全管理措置といった安全管理措置をとることが求められますが、昨今、社会におけるこれまでの個人情報の漏えい事件における原因・経緯等から委託先の監督の強化に焦点が当たっています。委託先との契約において、管理ルールを定めておくのはもちろんのこと、定期的な監査を実施することで実効性を担保することが重要です。

POINT

1 営業秘密管理は、一日にしてならず

営業秘密は企業の競争優位性の源泉となるものです。正当なアクセス権限を有した従業員が故意に外部に持ち出す行為に対しては、効果的な施策を行うことは困難です。日頃からのアクセス制限の徹底や従業員教育、従業員からの誓約書の取得等により、継続的な管理を行っていくことが重要です。

2 委託先も含めた厳格な管理で個人情報を守ることが必要

個人情報はお客様からお預かりした重要な資産です。一度漏えいしたら、取り返しがつかないとの意識を持って管理することが必要です。個人情報の取扱いを外部に委託するときは委託先に対する管理監督を徹底しなければなりません。

| 企業法務実務に役立つ参考文献 |

①経営法友会法務ガイドブック等作成委員会編『営業秘密管理ガイドブック〔全訂第2版〕』（商事法務、2010年　2016年4月現在改訂中）

②経済産業省「営業秘密管理指針」（2015年）

③経済産業省「秘密情報の保護ハンドブック──企業価値向上に向けて」（2016年）

④厚生労働省・経済産業省「個人情報の保護に関する法律についての経済産業分野を対象とするガイドライン」（2014年）

第21講 ハラスメント

ある内部通報

佐々木課長が「ちょっといいかい？」と仲真と濱田を会議室に呼んだ。

法友コンプライアンスホットライン宛にあるフリーメールのアドレスから一通のメールが届いたのだ。

法友コンプライアンスホットラインは、法友電気が設置する内部通報制度で、法務部が社内窓口になっている。

メールの内容は「通報しようかどうか悩みましたが、もう我慢の限界です。最近では出社するのが怖くてたまりません。上司のパワハラを何とかしてもらえないでしょうか」というものであった。

「パワハラですか。最近多いですね」と仲真がつぶやいた。

「濱田君は、内部通報の対応は経験したことがあったっけ？ 今回は、仲真さんと一緒に対応してもらおうかな。内部通報への対応は、複数名で行うというルールになっているんだ」と佐々木が軽い感じで仕事を振った。

「パワハラってパワー・ハラスメントですよね？ ハラスメントは人事部の担当じゃないんですか？」と濱田が尋ねると

「確かにハラスメント対応は人事部の主管業務で、人事部としてハラスメント相談窓口を設置しているけど、内部通報制度で受け付けることのほうが多いというのが実情だよ。従業員の立場からすれば、人事部に直接ハラスメントの被害を訴えるのは勇気がいることなのかもし

れないね、強力な人事権を持った人事部が自分のことをどう扱うか不安に思うのは仕方ないよ。当然、内部通報窓口を担当する我々は人事部にも通報者を特定するような情報は言わないし、言ってはならないんだ」と佐々木が返した。

「なるほど、その気持ちはわかります。それにしても、重そうな仕事ですね」と濱田が不安げな声を上げたと同時に仲真が「濱田君、また新たな領域にデビューだね。がんばりましょ」と気持ちを察したように言った。

そこに佐々木も微笑みながら言葉を添えた。

「そうだ。従業員のヒアリングでは、生々しい話が出てくるので、精神的なタフさが要求されるんだ。その点、鈍感な濱田君なら大丈夫だと思うよ」

「ちょっと、それどういう意味ですか」

問い返す濱田に頓着せず、仲真は仕事の話に入っていく。

「濱田君、早速だけど、このメールに返信するから文案を作成してくれる。まずは、５Ｗ１Ｈで情報を提供してもらうところからね。匿名のメールだけど、氏名を明かしてもらえるかも確認しないとね。ルール上は匿名通報でも対応することになっているけど、パワハラは一対一のことも多いので、氏名を名乗ってもらわないと対応が難しいの」

濱田も気を取り直して仲真に質問した。

「参考にしたいので、過去の文面とかありますか」

「ファイリングしたものが金庫にあるわ。でも、慎重に扱ってね」

濱田は、過去の文面を参考に返信案を作成し、昼過ぎに仲真に確認を求めた。

「まあまあの内容ね。じゃあ、コンプライアンスホットラインのアドレスから返信をしておいて。さっきは言い忘れたけど、内部通報への対応はクイックレスポンスが必要なの」

　３日後、コンプライアンスホットライン宛に返信が届いた。

「メールありがとうございます。所属は大阪支店営業２課ですが、できれば匿名でお願いします。半年ほど前から上司である梅田課長のパワハラに悩んでいます。売上計画を達成していないことは事実なのですが、毎日同僚の前で無能とか給料泥棒とかと罵倒され、一回目のメールをした前日には提出した報告書を目の前で破られ、もう我慢できないと思いました。……」

「典型的なパワハラですね。これはどう考えてもアウトでしょ」

　語気を強める濱田を、仲真がたしなめる。

「濱田君、初めての案件としてはショッキングな内容の通報だったので、心を揺さぶられるのはわかるけど、この時点で先入観を持ってはダメ。これはあくまでも一方向から見た事実、各方面から情報を収集して物事を冷静に客観的に見ることが要求される仕事なの」

「す、すみません」

「それでは、事実関係を確認するためにヒアリングに行きましょう。まず、営業２課のメンバーからは話を聞きたいわね。でも、あまり営業課ばかりに集中してしまうとヒアリングの目的が勘付かれてしまうので、カムフラージュを入れておきましょう。支店内の調整は営業管理課の橋本課長に頼むわ。私が連絡しておくね」

「なんだか、潜入捜査みたいですね。今からドキドキしてきました」

🌀 大阪でのヒアリング

「おはようございます」

　濱田は、午前６時半の東京駅の新幹線ホームに現れた仲真に声をかけた。仲真は、化粧をしておらず、いつもと雰囲気が違いどこかあどけなく見えた。

「お、おはよう。あら、現地集合って言ってなかった？」

　素顔を見られた仲真は気まずそうに答えた。

「そうですけど、車両を探していたら、仲真さんの姿が目に入ったので、つい。声かけちゃ、まずかったですか？」

「別にそんなことはないけど。じゃ、新大阪の乗換口で待ち合わせましょ」

　新幹線の車中、大阪でのヒアリングのシミュレーションをしてみるのだが、どうも朝の仲真の顔がちらついて集中できない濱田であった。

　大阪支店に到着し支店長に挨拶した後、営業管理課の橋本課長を訪ねた。

「仲真さん、依頼の通りメンバーに案内しといたで。第一会議室は終日予約してるから、自由に使ってくれてかまへんから。で、今回は何の調査なん？　今日は、若いお連れさんやなぁ、佐々木さんは？」

　関西弁で矢継ぎ早に話しかける橋本に圧倒される濱田の横で、仲真は穏やかに答える。

「橋本さん、ありがとうございます。今回から、私がメインで窓口をやることになりまして、新人の濱田を連れてやってきました。これからもお世話になると思いますので、よろしくお願いします。それと調査のことですが、内容はまだお答えできません。夕方にはお話できると思うんですが。いつも無理言ってすみません」

「ドキドキするなぁ、まさか僕のこと調べに来たんちゃうやろな」

「何か思い当たることあります？　なければ、ご安心下さい」

　仲真は、悪戯な笑みを浮かべた。

　ヒアリングの三人目は、営業２課の大山であった。

　冒頭に仲真から「今日は、コンプライアンスホットラインの窓口としてある案件の調査で大阪支店の従業員の方からお話を聞くために来

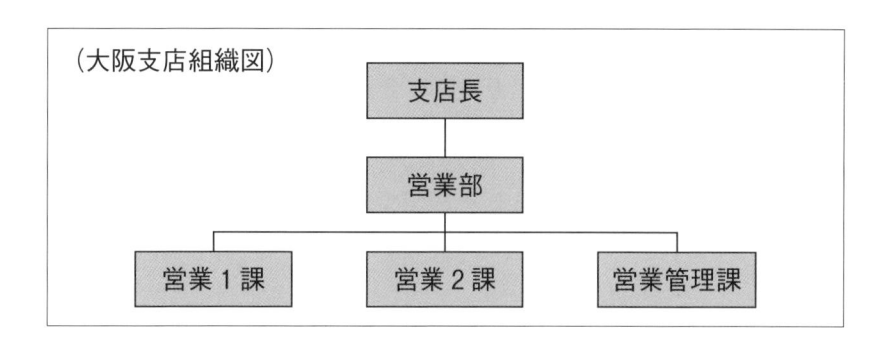

ました。ホットラインの趣旨はご存知ですか」

「eラーニングを受けているので理解しているつもりです」

「ありがとうございます。では、ご承知の通り、私たちは守秘義務を負っています。ヒアリングの内容は事実関係の確認と是正策の検討のために使用しますが、大山さんからお聞きしたということは決して口外しませんので、安心してご存知のことをお話し下さい。あと、正確性を期すためにヒアリングの内容は、録音させて頂きますのでご了承下さい」

と威圧感を与えないように大山の斜め前に座った仲真が丁寧に説明した。

「わかりました」

「では、さっそくですが、コンプライアンスホットラインへの通報と聞いて思い当たることはありますか」

「……」

　途端にうつむいて黙り込んだ大山に、仲真は畳みかける。

「たとえば、職場の人間関係とか」

　しばらく逡巡したあと、大山は口を開いた。

「これ、言っていいのかわからないんですが、梅田課長の言動はパワハラではないかと思うんです。営業2課のメンバーはみんな悩んでいるんではないでしょうか」

「具体的にはどんなときにどんな言動があったんですか」

「我々は、営業なので売上げを達成しないといけないのはわかるんです。でも、会議の場では、売上げを達成していない担当をバカ呼ばわりし、給料返せとか、お前の代わりはいくらでもいるからいつでも辞めろとか、部下を叱咤しているというより、あれは明らかに言い過ぎ、人権侵害ですよ。……」

大山の口からは梅田のパワハラのエピソードが次から次へと出てくる。

ひとしきり日頃の梅田の振舞いを言い立てると、大山はまたうつむいてしまった。仲真が優しく話しかける。

「大山さん、ありがとうございます。大変な思いをされてますね。お察しします。いまお話頂いたことについて何か記録しているものとかありませんか？」

大山の目に再び光がともった。

「確か、以前、同僚の三上が会議中にICレコーダーを回して録音したと言っていたので、まだあるかもしれません！」

しかし、まだ戸惑いをぬぐいきれないように続ける。

「でも、これって、本当に仲真さんたちを信じていいんですよね」

「ご安心下さい。いろいろとお話し頂きありがとうございます」

「やっぱり梅田課長は、真っ黒じゃないですか。しかし、聞いているだけで気が重くなりました。こんなヒアリングが夕方まで続くと思うとぞっとしますね」

大山が退室した後、濱田は仲真に言った。

「濱田君、私にはそれを言ってもいいけど、後は心の中にしまっておいてね。一番辛いのは被害を受けている人だということは忘れないで」

その後、ヒアリングをすると5年前に定年退職した南支店長のパワ

ハラの話、女性社員同士の嫌がらせの話、新入社員の仕事に対する向き合い方の話などさまざまな話が聞き出せたが、梅田のパワハラについては、目撃者や被害者も多く、確からしいという心証が固まりつつあった。

「三上です。よろしくお願いします」

三上は見るからに几帳面そうな男で、緊張のせいか手が小刻みに震えていた。

「三上さん、初めまして。コンプライアンスホットラインの仲真です。三上さんって、以前独占禁止法の質問のメールを頂いた、三上さんですよね」

「あっ、あのときの仲真さん？　その節はわかりやすい回答ありがとうございました。おかげでうまく取引先を説得することができました」

三上は、以前、業務で仲真と関わったことがあったらしく、この会話で張りつめた緊張が緩んだ。

「部屋に入るまでどうしようかと悩んでいたんですが、仲真さんなら信用してお任せします。実は、梅田課長のパワハラがひどくて、皆悩んでいます。難波部長にも相談したんですが、そんなこと言っているから売上げが悪いんじゃないのかとまったく話になりませんでした。部長も課長も同罪ですよ。言い出すと止まらなくなりますが、これを聞いて下さい。あまりにもひどかったので会議のときにこっそりICレコーダーを回していたんです」

ICレコーダーを聞くと、そこには、はっきりと、梅田の怒号が延々と記録されていた。

◎パワハラ管理職との対峙

会議室には、仲真、濱田と対峙するように梅田が座っていた。

「梅田さん、なぜお呼びしたかわかりますか」と仲真がいつになく厳しい表情で切り出した。

「さて？　売上げの詰めをやらせていますので、手短にお願いします」と梅田は悪びれる様子もなく答える。

「では、端的にお話しましょう。実は、本日職場の皆さんからヒアリングをしたところ、梅田さんの言動に問題があるのではないかという指摘がありまして、お話を伺えればと思っています」

「具体的に言ってもらわないとわからないが」

「パワハラではないかとの指摘です。心当たりはありませんか？」

「パワハラ？　そうと決め付けられればそうかもしれないが、私だって一生懸命仕事をしているのにパワハラとか言われてはたまらないね。何か証拠でもあるのかね」

「そうですか。ご自身で思い当たるようなことはないですか。残念です。それでは、こちらをお聞き頂けますか」

とICレコーダーのボタンを押すと

「何だ、この売上げは！　お前、何年営業やってるんだ。新入社員以

下だな。これ以上俺の足を引っ張るんだったら会社辞めてくれ。こういうのを給料泥棒っていうんだよ。お前が辞めたら、何人雇えると思っているんだ。まったく……」

　静かな会議室に梅田の怒声が響いた。

「……」

　それまで尊大な態度を取っていた梅田の顔が明らかに引きつっていくのがわかった。

「……すみませんでした。気を付けているつもりなんですが、売上げが厳しくてつい、力が入ってしまったようです」

「パワー・ハラスメントだということは、お認めになりますね。コンプライアンス委員会に報告して、しかるべき措置を取らせて頂きます。部長も梅田課長のパワハラについてはご存知だったようですが、この件で何かお話をされたことはありますか？」

「……特にありません」

　続いて、会議室に難波部長を呼んだ。

「難波部長、今日は梅田課長のパワハラの件でいろいろとお話を伺わせて頂きました。梅田課長もパワハラをしたことをお認めになりましたよ。難波部長も、梅田課長のパワハラについてご存知でしたね」

「うむっ、先月だったか三上から相談があったが、売上げが上昇すれば治まると思ってあまり気にも留めていなかったんだ。梅田には私からかなりハッパをかけていたということも影響しているのかもしれない」

「わかりました。管理職として、職場の安全配慮義務があることは肝に銘じておいてく下さい。幸い、部下の方にメンタルヘルス不調の症状が出ている印象はありませんでしたが、この状態が続くと危険なところでした。あまりピンと来ていないかもしれませんが、訴訟にでもなったら大変なところでしたよ」

出張後、濱田は報告書を作成し、その報告書を元に仲真から、コンプライアンス委員会に報告を行ったところ、人事部にパワハラ防止の啓発強化の指示と本件を懲戒委員会にもかけるよう決議がなされた。

　数日後、人事部から懲戒委員会の委員である大崎部長と、報告者として仲真・濱田の両名に懲戒委員会の招集があった。

　懲戒委員会には、難波と梅田も招集されており、仲真の報告の後、弁明の機会が与えられた。二人からは、それぞれ、報告に相違なく会社の処分には従う旨の発言があり、懲戒委員会では、難波部長は減給、梅田課長は降格との判断がなされた。

　濱田の心には、弁明に際して、梅田が「昨年下の子供が生まれたばかりなので、解雇だけは勘弁してほしい」と涙ながらに懇願したシーンが深く刻みこまれた。

　懲戒委員会の翌日、人事部から社内通達が発表された。

　　　　　　　　　　　　　　　　　　　　○月○日　人事部長

懲戒処分および人事異動
減給　大阪支店　難波
降格　大阪支店　梅田
本日付で、大阪支店営業管理課係長への異動を命ずる

　濱田は、通達を見て、自分の仕事が同僚の人生に大きく影響することを改めて痛感し、複雑な気持ちで仕事どころではなくなってしまった。その後、佐々木に少し気分が優れないと言い、初めて早退した。

　翌朝出社すると、大山から法友コンプライアンスホットライン宛に一通のメールが届いていた。

　——仲真さん、濱田さん、先日は、ありがとうございました。お気付きだったかもしれませんが、通報したのは私です。きち

んと対応してくれるのか半信半疑だったため、匿名で通報し
ていたことお許し下さい。今回のホットラインの対応には大
変感謝しています。おかげさまで職場には明るさが戻ってき
ました。これからガンガン売上げを増やしていきます。

　濱田は、メールを読んで自分の関わった仕事は感謝されているのだ
と思い返し、昨日からのモヤモヤした気分にうっすらと光が差し込ん
だような気がした。そのとき、ふと仲真の顔を見ると、仲真がいつに
なく優しく微笑み返してくれたのが印象的であった。

NOTE

Ⅰ　パワハラとは

　法律上の定義はありませんが、厚生労働省の「職場のいじめ・嫌がらせ問
題に関する円卓会議」で定めた定義によれば、「同じ職場で働く者に対して、
職務上の地位や人間関係などの職場内の優位性を背景に、業務の適正な範囲
を超えて、精神的・身体的苦痛を与える又は職場環境を悪化させる行為」を
いいます。

　パワハラは、人事・労務部門、コンプライアンス部門が主として対策を
行っているという会社も多いですが、法務部門としても押さえておく必要が
あります。たとえば、内部通報制度を利用する通報事案の半数近くはパワハ
ラや職場でのいじめに関するものですし、会社や従業員が被害を受けた従業
員から訴えられた場合には法務部門が招集されることも多く、法務担当者と
しては、理解を深め、その処理に精通しておきたいテーマの一つです。

　実務の現場において、法律的にパワハラと認定され会社として使用者責任
を負うようなレベルのものは少ないものの、世代間のギャップや成果主義の
進展を背景に、年々、パワハラの件数は増加しています。通報への対応にあ
たっては、プライバシーに配慮しつつ、当事者および周囲の意見をしっかり
と聞いて、客観的な立場で事実を見極めることが重要です。また、明らかな

パワハラといえないような場合でも、互いの改善点を見い出し歩み寄りを進めていくようなことも必要です。

　当事者と面談を行う際には、複数（二名が最適）で対応すること、座席位置として正面で対峙しないようにすること、録音などの記録を残すことなどが意識されるとよいでしょう。

Ⅱ　懲戒処分

　懲戒処分とは、従業員が規律を遵守し、会社が秩序を維持することを目的に就業規則に定めた制裁処分のことです。懲戒の種類としては、譴責、訓戒、減給、懲戒休職・出勤停止、降格、諭旨退職、懲戒解雇などがあり、会社によっては懲戒委員会などの手続を経て行われます。法務部門としては、事実関係の確認、規程への当てはめや過去の処分との比較などの観点から懲戒処分の決定について相談を受けたり、懲戒委員会の委員として参加したりすることで、懲戒処分の決定に関する判断に関わることも少なくありません。

POINT

パワハラ対策は、全社を巻き込んだ予防強化で

　パワハラは、鬱病などのメンタルヘルス不調を引き起こしたり、業務の生産性を低下させるなど職場環境への影響が少なくありません。発生した場合に適切な対応が必要なのは当然ですが、普段から、パワハラ予防策として研修実施などにより正しい理解を促進し、また、職場ごとに相談できる担当者を設置するなどを行うことが重要です。

企業法務実務に役立つ参考文献
①厚生労働省「職場のいじめ・嫌がらせ問題に関する円卓会議ワーキング・グループ報告」（2012年）
②厚生労働省「パワーハラスメント対策導入マニュアル」（2015年）

法務の現場から　**さまざまなハラスメント**

　ハラスメントと聞いて、真っ先に思い浮かぶのはセクシャルハラスメント（セクハラ）かもしれません。

　セクハラとは性的嫌がらせを意味し、雇用機会均等法11条１項において「職場において行われる性的な言動に対するその雇用する労働者の対応により当該労働者がその労働条件につき不利益を受け、又は当該性的な言動により当該労働者の就業環境が害されること」と規定されています。セクハラをより具体的に見てみると、職場内において行われる性的な言動に労働者が抵抗することにより、その労働者が解雇、降格、減給、労働契約の更新拒否、昇進・昇格の対象からの除外、客観的に見て不利益な配置転換などの不利益を受ける「対価型セクハラ」と、職場内において行われる性的な言動により、労働者の就業環境が不快なものとなったため、その労働者が就業する上で看過できない程度の支障が生じる「環境型セクハラ」に分けられます。最近では、セクハラが広く認知されているため、男性から女性に対するあからさまなセクハラは減っているように思われますが、非正規社員の雇用契約延長に権限を有する管理者による対価型セクハラや、宴席における環境型セクハラなど、被害者が声を上げにくい状況下でのセクハラがまだまだ根強く残っています。また、同性間や女性から男性、LGBT（性的少数者）に関する差別的な言動といった新たな問題も発生しています。

　その他にも、妊娠・出産した人に対する嫌がらせであるマタニティ・ハラスメント（マタハラ）や、飲酒にまつわる嫌がらせの一つであるアルコール・ハラスメント（アルハラ）など、さまざまな種類のハラスメントが存在します。

第22講 企業法務の横のつながり

セミナーを聴講する

　濱田は、佐々木からの指示を受け、経営法友会主催の月例会「最近の労働法制をめぐる動向について」に出席した。経営法友会では、会員である企業法務部門を対象に、企業法務の立場から取り上げてほしい最近のトピックスや法令の制定・改正動向、判例などについて、官公庁の立案担当者、弁護士、研究者、企業法務担当者を講師に招いて説明をしてもらう「月例会」というセミナーを開催してくれる。今回の月例会の会場は、東京都千代田区にある全国土地会館。行ってみると大学時代の同期の大宮も出席していた。大宮は、法友電気とはまったく違う業界の日啓商事株式会社に就職し、法務部に配属されていた。
「濱田、久しぶりだな。そういえば法友電気の法務部に配属されたというメールをもらったな。元気にやっている？」
　これに対し濱田は、
「上司や先輩に厳しい指導を受けながらも、何とかやっているよ」
と返すにとどまった。
　今回の月例会の講師は、寺西弁護士であり、長年、使用者側の立場で弁護を行ってこられた方であった。この日は午後3時から始まり、午後5時までの2時間は、クライアントの秘密情報に抵触しない程度に、企業側にとって注意すべき点、取りこぼしになりがちな点をコンパクトにまとめた話であり、濱田は必死にメモを取り続けた。
　佐々木に今日の月例会出席のことを話すと、「経営法友会の月例会

が終わって会社に戻ると6時過ぎになる。急ぎの仕事がなければ、そのまま帰宅すれば？」ということであったので、午後5時に月例会が終了し、会社に戻らずに直帰することにし、近くの居酒屋で大宮と飲むことにした。

　濱田は、

「昨年4月に配属され、毎日、いろいろな案件に関わっているよ。もう目が回るような忙しさだな」

と言った。これに対し、大宮は、

「うちの法務部には米国留学制度があり、毎年一名米国のロースクールに留学しているんだ。自分もさまざまな英文契約書の確認を中心に日常業務をやってるけど、米国留学を目指して、もう語学漬けの毎日さ。もう少し、学生時代に英語を勉強しておけばよかったよ」

とこぼした。その後、二人で互いの業務の状況について聞き合い、あっという間に2時間が過ぎた。お店を出る際、濱田は、

「米国留学か。厳しそうだけど、いいなあ。がんばれよ、応援しているから」

と大宮にエールを送ると、

「そういえば、今度、東京ビールの法務部に学生時代の同期の立川、あと東西ソリューションの法務部に同じく同期の中野がいるから、立川、中野、濱田、俺の四人で飲み会をしないか」と提案し、「うん、ぜひやろう」と意気投合して、二人は別れた。

研究会で学ぶ

　多忙な合間を縫って仲真は、経営法友会主催の研究会に月一回のペースで出席している。研究会のテーマは、「企業における営業秘密の管理のあり方」である。研究会の主査は、海洋製薬株式会社の法務部長である西都であった。研究会は、製薬、飲料、商社、小売、エネ

ルギー、機械、運輸などさまざまな業界の法務担当者、管理者が参加している。各社の営業秘密管理の現状、情報漏えい時の対応の仕組みや課題などを、各社の営業秘密漏えいにならない程度に、話を聞くことができる。この研究会では、営業秘密ガイドブックの作成を目指しているが、ここで議論したことのすべてを文字にすることはできない。仲真は、自分が担当する箇所で、いろいろ悩みつつ、これまでの会合のやり取りを踏まえた営業秘密の管理で注意すべき点を一般従業員にもわかりやすい言葉になるよう、原稿を作成している。

懇談会で意見交換

　経営法友会では一定のテーマを選定し、その会員である会社の法務部門に対して出席希望者を募る会員懇談会を開催している。佐々木は、午後6時から開催される会員懇談会に出席した。会員懇談会のテーマは「反社会的勢力への企業法務の対応」であった。通常、経営法友会の会員懇談会は、月一回程度実施される。出席会社は、法友電気のほ

か、銀行、建設、化学、食品、小売などさまざまな業界の法務部門管理職クラス20名近くが出席し、二グループに分かれて議論した。出席者からは、各社での社内規程や取引基本契約の整備、取引の確認、警察との連携、また、反社会的勢力の動向、情報収集のあり方などに関する各社の対応や工夫について説明があった。いずれも参考になる話であり、ここまで踏み込んだ議論は、企業法務の雑誌にも掲載されたことがない。

「この中で参考になりそうなもの、当社で対応したほうがよさそうなものを二、三抽出し、当社社内で実施する場合にどういった手当てが必要か、社内関係部門との連携をどうするか、当社独自の工夫が必要か、仲真さんに検討させてみよう」

　佐々木の手帳には、法務部が抱えるこうした課題がびっしりと埋まっており、また新たな課題が手帳に加わった。

NOTE

I　セミナー聴講の意義

　企業法務担当者にとって、法制度の情報を適時につかみ、実務上の対応を検討しておくことは必須です。実務の取扱いに変更を迫るような法改正がなされた、新しい判例が出た……、そのための学習方法の基本は法務雑誌や書籍を読むことにありますが、より効率的な方法として、生の講義に参加し、「目」と「耳」から情報収集をすることが挙げられます。このようなニーズに応えるものとして、多くの団体が法務セミナーを実施しています。有料のものもあるし、法律事務所等が無料で開催するものもあります。たとえば経営法友会では、本講で濱田が参加した「月例会」がその役割を果たしており、実務に役立つ法律情報を提供することを目的として、東京で年間約35回、大阪で約25回が開催されています。会のメンバーになれば、これらを受講できるので、大いに役に立つといえるでしょう。

Ⅱ　実務担当者による研究活動

　セミナーなどで学習をすることに加えて、法制度の趣旨を改めて考え、各社の取組みを相互に開陳し、これにより実務上の工夫点や悩みを共有することができれば、平素より忙しい毎日を送っている法務担当者にとってよい刺激となり、視野が開けることは疑いがありません。そして法務担当者による実務上の苦悩と発見が、本当の意味で企業法務を前進させていくものといえるでしょう。

　たとえば経営法友会では一定のテーマに即して「研究会」を開催しており、そこで研鑽を積みながら、場合によっては専門家のアドバイスをもらいつつ、会員企業向けの成果物を作成しています。仲真はここで、緊張感ある雰囲気の中、やりがいのある姿勢で臨んでいることがわかります。

Ⅲ　法務担当者の相互交流

　法務担当者の抱える問題意識はさまざまですが、他の会社ではどうしているだろうか、信頼できる環境の下で闊達な情報交換ができたら、どんなに素晴らしいでしょう。佐々木が参加した「会員懇談会」は、経営法友会が行う会合の中でも忌憚のない意見交換ができ、かつ、会員間の交流を促進させるものの一つです。特定のテーマを元に「ここでしか話せない」率直な意見交換を行うことで、各社の抱える悩みを共有し、参加者に気付きの視点を提供します。ただし、こうした相互交流に際し、自社の営業秘密漏えいを起こさないよう、あるいは、独占禁止法や各国競争法に抵触しないよう留意しなければなりません。どうやら佐々木は、さっそく明日、仲真へリクエストする事項をまとめているようです。

POINT

1 セミナーに参加することは重要

本やネットだけでは伺い知れない関係者の生きた情報を入手することができます。

2 切磋琢磨することの大切さを知ろう

何かを作り上げていくことの大切さ。文字にできること、できないことがある。

3 情報交換の有用さを確認しよう

異なった業種、規模の企業法務担当者の交流を通じて自身の見識を広げることも大切です。

企業法務に役立つ参考文献

①小島武司＝米田憲市監修　経営法友会法務部門実態調査検討委員会編著『会社法務部──第11次実態調査の分析報告（別冊NBL）』（商事法務、2016年5月刊行予定）

②堀江泰夫『法務部門の実用知識』（商事法務、2013年）

法務の現場から　自己啓発

　法務部門に配属されたら、習得する知識の多さに驚くことかと思います。

　学生時代に法学部やロースクールで学んで基礎的な法律知識があったとしても、実務に必要な法律は幅広く、加えて業界特有の法規制や実務慣行もあり今まで学んできた知識では業務ができないと思うこともあるかもしれません。このため自己啓発が非常に重要となってきます。

　法律面では、民法、会社法等の基本法はもちろん、独禁法、労働法など基本的な書籍を先輩などのアドバイスなどに基づき読み進めて知識を整理しておくことがまずは有効です。就業後や休日を使って一定の目標を立てて実行に移すことが近道です。そういった「幹」を作る作業と並行して、業務で調べた法律や判例などをそのままにしておかず、ノートに記録したり、コピーを保存したりして、自分の知識を見える化しておくことも有益です。

　しかし、何より重要なのは、「好奇心」と「問題意識」です。経営法友会などの外部のセミナーももちろん有効ですが、習得しようという「好奇心」と自分の業務につなげようという「問題意識」がないと、せっかくの時間が無駄になってしまいます。

　また、法律以外の知識も法務部門においては重要です。英語などの語学もグローバル化の進展に伴い必須となっていますが、加えて、経営戦略論、アカウンティング、ファイナンス、マーケティングなどのいわゆるMBAで学ぶような知識の基本的な枠組みもビジネスの共通言語として習得しておくべきでしょう。

　まるでスーパーマンのように思われるかもしれませんが、法務の仕事は、会社の課題を知識と経験を使って日々解決し、会社に

貢献することになります。今日の学びが明日の成果につながる素
敵な仕事だと思いませんか？

エピローグ

　春霞がかかった青空の下、成田空港に向かう京成スカイライナーの中で濱田はやきもきしていた。

「まったく寝坊するなんて……」

　昨晩はうまく寝付けないまま、アラームをセットし忘れ、結局、寝坊した濱田は、トイレで身だしなみを整えつつ、毒づいた。

　スカイライナーが成田空港第一ターミナルに到着するや否や、濱田はダッシュした。息を切らせながらエスカレーターを駆け上がり、出発ターミナルフロアに着くと、遠くに法務部の面々が集まっているのが見える。

「間に合った……」

　濱田はラストスパートをかけた。

「濱田、遅いぞ。もう仲真さんはゲートに向かったよ」

　そう大崎に出迎えられ、濱田はショックのあまり思わず膝をついた。悲嘆に暮れた濱田の様子を見かねた佐々木が声をかけた。

「大丈夫だよ、フライトが少し遅れたので仲真さんは先にExchangeに行ってるよ。ほら戻ってきた」

　佐々木が指をさした方向を見ると、人ごみから仲真が戻ってくるのが見えた。

「濱田君、最後までひやひやさせて……。でも来てくれてありがとう」

　仲真が言った。仲真を見て、安堵するとともに、法務部に配属されてから仲真と過ごした日々が走馬灯のように濱田の脳裏に蘇っていた。いよいよ本格化してきた米国での特許訴訟（第10講参照）に対応するため、仲真がNYに急遽駐在することが決まった後は、引継ぎ、送別会等のバタバタで、仲真とゆっくり話をすることもできなかった。

「佐々木さん、皆さん、わざわざ来ていただいて本当にありがとうご

ざいます。では、そろそろ行きます！」

　仲真が言うと、皆口々に声をかけながら握手を始めた。

「仲真さん、がんばってな。Brian（第8講参照）にもくれぐれもよろしく」

　佐々木が声をかけた。

「濱田君、1年間いろいろあって大変だったかもしれないけど、楽しかったわ」

　仲真に手を差し出され、濱田ははっと我に返った。反射的に仲真の手を握った濱田だったが、わけもわからず目頭が熱くなっていくのを感じ、言おうと思っていたこともすべて頭から吹っ飛んでいた。

「仲真さん、僕もがんばって仲真さんに続いて米国に駐在します」

　考えてもいなかった言葉が口をついて出て、濱田は自分で驚いてしまった。仲真も一瞬驚いた表情をしたが、「そっか、がんばって」と笑顔を浮かべると、もう一度濱田の手をしっかり握り返し、「待ってるからね」と濱田の潤んだ瞳を真っ直ぐに見た。

　セキュリティチェックの人ごみに紛れていく仲真を身じろぎもせずに見送る濱田に佐々木が声をかけた。

「仲真さんと濱田君の最初のステージは一旦終わりだが、また、必ず次のステージがある。それは仲真さんが帰国したときかもしれないし、もしかすると本当に濱田君も駐在して米国で幕が開くかもしれない。二人が法友電気法務にいる限り、場所、お互いのポジションは変われど、また新たなステージが待っているはずだ。今はまだ私の言うことがピンと来ないだろうが」

　もう仲真の姿は見えなくなっていた。濱田は、まだ仲真との握手の感触が残る右手を握りしめ、佐々木に向かって言った。

「いえ、わかる気がします」　　　　　　　　　　　　　　　　（終）

経営法友会とは　*https://www.keieihoyukai.jp*

　経営法友会は、企業法務担当者の情報交換の場として1971年に発足して以来、半世紀近くにわたり幅広く活動を行っています（2016年3月1日現在、会員企業数は1,156社）。企業内の法務部門の担当者によって組織され、その運営は会員総会で選任された幹事を中心に自主的に行われており、事務局は公益社団法人商事法務研究会に置かれています。

月例会

　会社法、独禁法、知財法、民事法、消費者法、個人情報、コンプライアンス、各国リスクなど企業法務の旬のテーマについて、弁護士、法令等の立案担当者、研究者、企業法務担当者が解説する当会会員限定の無料セミナー。東京地区で年間平均35回（2015年度は41回の実績）、大阪地区で年間平均25回（2015年度は26回の実績）開催しています。

研修会

　会員企業の企業法務担当者と弁護士を講師に迎えて実施される有料講座。国内法と国際法を横軸に、それぞれについて基本知識の習得から実践的スキルアップまでを縦軸とする体系をとっています。会員企業各社が個別に行う社内研修と併せ、深度のある知識を身に付けることができると好評です（研修会の一部は㈱商事法務に運営を委託しています）。

研究会

　会員企業の業務課題などの具体的なテーマに応じて組織される研究の場で、2016年3月現在、海外コンプライアンス研究会、法務組織運営研究会、独占禁止法研究会ほかが活動しています。本書は「法務組織運営研究会」内に設置された編集委員会により、1年余をかけて編集されたものです。本書のように市販される出版物のほか、法令ガイドブックや業務マニュアルなどを会員企業限定の成果物として無料配布しています。

法務組織運営研究会
の風景

その他

●**他社法務担当者との情報共有**　東京・大阪で開催される会員懇談会や大阪・名古屋で開催される会員交流会などの参加（無料）を通じて、他社の法務担当者と業務課題を共有しつつ、交流が図られる場が準備されています。

●**会報誌「経営法友会リポート」の発行**　当会の最新の動きを伝える月刊の会報誌。月例会の受講記、研究会の検討状況などをいち早くお知らせしています。会員企業の法務業務を描いた「わが社の法務状況」、「わたしと外国語」、「人を育てる」などのコーナーを通じて、法務担当者の生の声をお届けしています。

経営法友会
リポート

●**経営法友会大会の開催**　注目度の高い企業法務上のテーマを取り上げ、2年に1度開催される「経営法友会大会」では、基調講演とパネルディスカッションを交え、充実した議論が行われます（2016年は11月開催予定）。会員企業のみならず、一般の方々も有料で参加可能です。

●**公益活動**　当会は現在、「日本企業全体の法務力向上を目指す」（第三次中期事業計画）というスローガンの下、さまざまな公益活動を行っています。企業法務に関わる各種政策・立法等への提言を行うとともに、各界有識者や関係機関（制度立案担当者、裁判所、弁護士会、法科大学院関係者、研究者等）との情報・意見交換を交流事業として展開しています。また、1965年以降、5年ごとに法務部門の実態調査を実施しており、2016年5月には「第11次法務部門実態調査」の最終報告が予定されています（㈱商事法務より『別冊NBL』として刊行予定）。

●**その他の特典**　㈱商事法務「ビジネス・ロー・スクール」では、開催するセミナーの一部について、優先枠の範囲で当会会員が割引価格で受講できるという「優待講座」を実施しています。

経営法友会に関するお問合せは、当会事務局まで。
　〒103-0025　東京都中央区日本橋茅場町3-9-10
　　　　　　　公益社団法人商事法務研究会内　経営法友会事務局
　　　　　　　TEL；03-5614-5638　Email；keieihoyukai@shojihomu.or.jp

経営法友会 企業法務入門テキスト編集委員会（会社名五十音順）

編 集 長　**守田　達也**（もりた　たつや）
　　　　　双日株式会社 法務部長

メンバー　**藤井　豊久**（ふじい　とよひさ）
　　　　　東 海運株式会社 総務法務部長

　　　　　竹安　将（たけやす　まさる）
　　　　　花王株式会社 法務部長

　　　　　早川　拓司（はやかわ　たくじ）
　　　　　カゴメ株式会社 経営企画本部 経営企画室 法務グループ課長

　　　　　明司　雅宏（あかし　まさひろ）
　　　　　サントリーホールディングス株式会社 リスクマネジメント本部 法務部課長

　　　　　森　健（もり　たけし）
　　　　　株式会社Ji2 管理本部 法務・コンプライアンス担当

　　　　　青木　修（あおき　おさむ）
　　　　　日本曹達株式会社 総務・人事室 総務グループ法務チーム主幹

　　　　　髙林佐知子（たかばやし　さちこ）
　　　　　横河電機株式会社 法務室マネージャー

　　　　　佐々木毅尚（ささき　たけひさ）
　　　　　YKK株式会社 法務・知的財産部 法務・コンプライアンスグループ長

●本文イラスト　藤井豊久

企業法務入門テキスト――ありのままの法務

2016年4月15日　初版第1刷発行

編 著 者　経営法友会 企業法務入門テキスト
　　　　　編集委員会

発 行 者　塚 原 秀 夫

発 行 所　㈱商 事 法 務
　　　　　〒103-0025 東京都中央区日本橋茅場町3-9-10
　　　　　TEL 03-5614-5643・FAX 03-3664-8844〔営業部〕
　　　　　TEL 03-5614-5649〔書籍出版部〕
　　　　　http://www.shojihomu.co.jp/

落丁・乱丁本はお取り替えいたします。　印刷／そうめいコミュニケーションプリンティング
© 2016 経営法友会　　　　　　　　　　　　Printed in Japan
Shojihomu Co., Ltd.
ISBN978-4-7857-2405-4
＊定価はカバーに表示してあります。